人間関係境界線《バウンダリー》の上手な引き方

おのころ心平

同文舘出版

はじめに

その昔、「あなたのためだから……」という「外為《がいため》」のＣＭが流行したことがありましたが、日常において「あなたのためを思って」という場面に出会ったら、ここはぜひ覚えておいてほしいのですが、親、ご近所、友人が口に出して「あなたのため」と言う場合は、実はたいてい「自分のため」を考えているというのが心理分析のセオリーです。

そして、「あなたのことを思って」とられる行動というのは、たいていはうまくはいきません。自分はそんなことを求めているわけでもないのに、相手はあなたのためにやっていると思い込んでいるので、うまくいかなかった場合に責任の所在が明らかにならないからです。

こうしたことが起こるのは、善意だからいいでしょ、という建前《たてまえ》の裏に隠れた「相手の気持ち未確認」が原因なのです。自分がいいと思うことは相手にとってもいいと思いこんでしまう、これを、バウンダリーを越える（バウンダリー・オーバー）といいます。往々にしてこのバウンダリー・オーバーが、日常の人間関係のトラブルを生んでしまいます。

「あなたのためを思って」と言う人は、善意でやっているつもりですから、悪気がないわけです。だから、**善意であればあるほど、相手は遠慮なく、どんどんあなたの領域に踏み込んできてしまいます。**

そんな相手に、こちらも「ちょっとやめてよ」とは言いづらい。こちらの領域を侵されていると感じてはいても、面と向かって非難はしにくいものです。明確に言葉にして言ってしまうと、なんだかその後の関係に響いてしまいそうですから……。


私は「ココロとカラダのカウンセラー」として、24年の間に2万4000件以上のカウンセリングをしてきました。クライアントさんは主に病気を抱える方が多かったのですが、長年のカウンセリング経験から言えることは、病気の背景には、たいてい人間関係の問題が隠されているということです。

パートナーや親、子供など、本当にわかってほしい人に自分を理解してもらえない悲しみやさみしさ。職場の人との対立や友人に嫌われることを恐れて抑え込んできた、不満やいらだちなど……。そんなストレスが溜まりに溜まった結果、カラダの症状となって表われるケースにたくさん関わってきました。
そういった多くのクライアントさんたちに、私がご提案してきたのが本書のテーマである「バウンダリー」という考え方です。

バウンダリーとは心理学の用語で、**自分と他人の間にある境界線**のこと。目に見えない人間関係の中で、**「ここからここまでは自分の領域、そこから先はあなたの領域」ときちんと線引きしていく方法**です。

私たちは往々にして、つい相手の意図を優先し、「自分が我慢すれば済むこと」と、相手からのココロの侵入を許したままにしてしまいがちです。そうして本来あるべき、自分と相手との境界線をあいまいにしてしまうのです。

でも、はっきりと自分の意見を、と言われても、個性の強い相手に意思表示する勇気が出ないのも、それは自然なことです。
だから、ご提案です。
そういう相手には「サブリミナル」なバウンダリーを引いていきましょう。相手にそうとは気づかれないように、しかし、やがては確実な境界線を引いてしまう。

「ここは私の領域なので入ってはいけません」という暗黙のルールを構築してしまうのです。


人間関係をスムーズに心地よいものにしていくには、この「バウンダリー」というスキルがとても重要になります。

誰にも抑圧されず、といって決して孤立するわけでもない、お互いにとって快適でベストな人間関係のあり方。

それを本書で、しっかりと身につけていただきたいと思います。

人間関係　境界線の上手な引き方　もくじ

第2章

凛とした人になるバウンダリーの7つの習慣

第3章

さりげなく境界線《バウンダリー》を引くサブリミナル・トークとしぐさ

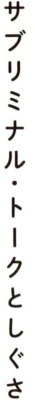

第4章

ケースで見る人間関係のバウンダリー・オーバー

第5章

ほどよい距離を判断できる人間関係のマイ・ルールをつくる

第6章

縛られない・とらわれ過ぎない ワンランク上の人間関係へ

カバー・本文デザイン　小口翔平＋上坊菜々子（tobufune）
イラスト　野原広子

第1章

自分を大切にする バウンダリーという方法

バウンダリーとは何か？

関係性というものをあらためて考えてみた時、それを強化したり、弱めたりする要因は何でしょう。

一般的には、

①会う頻度
②交わす言葉
③態度（言葉以外のボディランゲージ）

が3大ファクターと言えるでしょう。

逆に言えば、あらゆる人間関係のバウンダリーを適切に保つヒントも、この3つをコントロールすることにある、ということです。

SNSが発達したことで、今では実際には会わないのに言葉を交わす頻度はとても高いというケースも増えました。こうしたコミュニケーションが複雑な時代にあって、「バウンダリー」という言葉を理解することはきわめて重要なのです。

ではまず、バウンダリーとは何か？　を定義しておくことからはじめましょう。

バウンダリー(boundary)＝自分と他人との間にある境界線

はい、定義と言っても以上、That's allですが、しかし、これがなかなか悩ましい。この境界線、目に見えるものではありませんから、すぐにあいまいになります。あいまいになったところには、その人との力関係が入りこんできます。それは、まるで国家同士の国境地帯のようです。

人間関係のパワーバランスは、上下関係や権力、経済力、地位、そして、性格の押しの強さ弱さに左右されます。可視化できるなら、きっと常に磁力のようなものの綱引きが行なわれているでしょう。

このバウンダリーが侵されると、たとえば夫婦間なら

・夫の脱ぎっぱなしにした服や下着を奥さんが片づけている
・夫が食べっぱなしにした食器をいつも奥さんが片づけている
・家事分担がなく、いつも奥さんが家のことをしている

というような「上下関係」が容易に入り込んでしまいます。もちろん、それを両者合意の上でしているなら、OKです。でも、奥さんのほうがイヤイヤやっているのだとしたら、ここは「バウンダリー・オーバー」が起きていることになります。

人と一緒に生活するためには、夫婦でも親子でも友人でも、「これは私がやること。これはあなたがやること」というルールがあってしかるべきなのです。

ある奥さんが、夫がいつも服や靴下を、ソファやベッドに脱ぎっぱなしにして置いておくことにストレスを感じていました。それで毎日、自分がその夫の服を拾い上げては、洋服ダンスや洗濯かごに持って行っていました。

「脱いだ下着は洗濯かごへ持って行ってくれる？」と、これまでに何度か勇気を出して夫に言ったことがあるそうですが、夫は少し不機嫌そうに応じ、数日の間はやってくれるのだそうです。でも、すぐにまたもとに戻ってしまうので、奥さんは「何度も言ってもやってくれないんです」と悩んでいました。

ここで大切なことは、気になってしょうがない気持ちやイライラをそのままにせず、一度しっかりバウンダリーを引いてみることです。たいてい、こうした旦那さんは〝無自覚がゆえ〟のバウンダリー・オーバーを起こしているのです。

このケースは、夫とその奥さんの問題というより、夫の子供時代の彼と母親とのバウンダリーのあいまいさが、夫婦関係に持ち込まれてしまっている例です。夫が脱いだ下着を自分で洗濯かごに入れるのは夫の責任。これを一度ルール化してお互いが激しく認識しないと、その習慣を覆すことは難しいのです。

本来自分でやるべきことを果たさない夫の代わりに、妻が「責任の範囲外」のことをしてしまうと、夫は「自分でやることなんだ」ということにいっこうに気づきませんし、それで当然なのだという脳の習慣が続きます。〝無自覚がゆえ〟とはそういうことです。

〝習慣〟として続く「誰かがやってくれるだろう」という人任せは、意外なほどに強固だということを覚えておきましょう。

「過保護な親」に隠された心理

また、親子関係でバウンダリー・オーバーが起こると

・親が子供の宿題をやる
・親が友人関係を決める
・子供がすべき身の回りの準備や用意を必要以上に親がする

など、いわゆる「過保護」状態が起こりやすくなります。

過保護の背景には、実は親側の「不安」があります。無意識のうちに自分の子供時代を子供に投影して見てしまう「感情のバウンダリー」の課題が生じるのです。

たとえば親が「宿題をやりなさい」としつこく言うのは、自分が子供の頃に親から言われたことの繰り返しかもしれませんし、自分が宿題しなかったことによって失敗した記憶が深く残っているからかもしれません。その不安を自分の子供に投じてしまい、そんな失敗をさせるくらいならと、親が代わりに宿題をやってしまうことに……。

親子の上下関係は幼少期やしつけの期間には必要ですが、それに甘んじて、子供の「脳の中の判断ルーム」を親が占拠するようなことになってはよろしくありません。

小学2年生の男の子を連れて来られたお母さんの相談内容は、子供が学校へ行きたくない、というものでした。

カウンセリングに来られる親子のケースでは、すべてとは言いませんが、私が質問したことに、お母さんが先に答えようとすることが多いです。

私が、この小学生2年生の男の子の目を見て、「いちばん仲のいい友達は誰？」と聞いてみたところ、「それは○○くんよね。いつも宿題も届けてくれるし」とお母さん。

私たちカウンセラーは、このパターンはよく心得ていて、「お母さんに聞いているのではなく、□□くんの口から答えを聞きたいのです」というような、あからさまな対応はしません。お母さんは、無意識のうちに、子供の答えが親である自分と不一致にならないように警戒してしまうので、先に答えるのは自然な態度なのです。


それよりも、そこからふだんのお母さんとこのお子さんの会話のパターンを読み取り、また、お母さんの口から出た「○○くん」という固有名詞を聞いた瞬間の、お子さんの微表情や首や手足の動きに注目したりします。この微反応は、お母さんの言ったことに同意なら、首がわずかに縦に動き、「違うのに」という反応を含んでいたら、首や目線を横に、あるいは口元を若干緊張させたりします。

続けて、「ほかに仲のいい子はいる？」と聞くと、やはり、お母さんから「△△くんと、◎◎くんは塾がいっしょだから仲がいいほうよね。▽▽くんとはこの間、少し嫌なことがあったかな」。

ちらりと息子の気配を窺い、「ねぇ、どう？」とここではじめて、お母さんはお子さんの答えを尋ねます。尋ねるというより、もうここに至っては、息子に同意を求めるというかっこうになっていますが、ここで「いや、お母さんの見込みは間違ってるよ！」と毅然と言える子供さんならカウンセリングに来たりはしていないでしょう。

小学校2年生ならすでに、子供自身の感情世界があって、クラスメートや教師との日々の微細な「感情模様」の中で生きています。

ところが、お母さんから、既定路線の（お母さんが希望するような）友人の構図を横から吹き込まれると、その構図と日々の「感情模様」に葛藤を感じます。ココロをうまく言葉に表わせない子ならなおさら混乱し、学校での振る舞いがわからなくなってしまうのです。

つまり、起こっているのは、母親による子供の感情世界へのバウンダリー・オーバーです。これはお母さん自身の不安のなせることであり、それゆえに解決プロセスは複雑です。なにしろ、現実に顕《あらわ》な問題となっているのは子供のほうであって、お母さん自身は自分の周囲の人間関係はうまくいっていると考えているからです。

ポイントは、バウンダリー・オーバーしてくる人は、

①一見、その子（人）のために見える

②その善意に身を隠して、自分の欲求を満たそうとしている

ということです。

バウンダリーを越えてしまう人々

ここで「バウンダリー」という考え方をもっとわかりやすくイメージするために、明らかにバウンダリー・オーバーになっている人の例をご紹介しましょう。

自分の庭の草刈り、誰がやる？

郊外に住むお隣同士。隣人は老紳士と言いましょうか、いつも庭をきれいにする人でした。こちらは夫婦で共働きなので、なかなか庭の手入れができません。

ある日、自分と夫が帰宅すると、なんと、庭がきれいになっています。びっくりして、誰がやったのかと考えていたら、ひょっこりあちらの庭から顔を出した隣の老紳士が、「あ、ついでだからやっときました」と言うではありませんか。

さて、あなたなら、この状況をどう感じるでしょう。

もちろんその方と親密な関係だったなら、「ありがとうございます、助かります」と言って菓子折のひとつでも包むかもしれません。善意でしてくれたことなので、文句のつけようもない話ですが、郊外の一軒家に住んでいるわけですから、あまり親しくしているわけでもなければ、自分たちの生活は自分たちの判断でやりたいという思いでいるはずです。それが、断りもなしに、庭の芝を刈られたとしたら。「え、それは先に言ってもらわないと……」という気分になるでしょう。

しかし、老紳士にしてみれば、ずっと草はぼうぼうだし、自分の庭の手入れのついでに、時間もあるからお隣のもやってあげようという好意です。

でも、厳しい言い方ですが、悪気がなくても、これは厳密には不法侵入です。

これがバウンダリー・オーバーの典型的な例です。老紳士としては、隣の草刈りをしたところで得するわけではないし、やったほうがいいと思ったから入ったんだ、という話でしょうが、隣の夫婦にしてみれば、やはり不快です。

100円玉が必要な場面で、みんなの財布を開けて集めるのはOK？

もうひとつ、私のクライアントさんから聞いた例をご紹介しましょう。

団体旅行で地方へ行った時のこと。目的地で手違いがあり、クロークを使うことができず、みんなでコインロッカーに荷物を預けることにしたそうです。

そこで100円玉がたくさん必要になりました。どうしようかとみんなで思案していると、ひとりのおばさま（老紳士ならぬ老淑女）が、並んでいたみんなの荷物を、いきなりひとつずつ開けはじめるではないですか。びっくりして「何をしているんですか？」と尋ねた私のクライアントさんは、さらにびっくりします。

「え？　いま小銭が必要でしょう？」と答えが返ってきたのですから……。

これを、あなたはどう解釈しますか。

老淑女からすると、これまた善意なわけです。100円玉が必要なコインロッカーだから、みんなで出し合って集めましょうということですね。言ってみれば募金集めみたいなものだから、かばんを開けていくのに罪の意識はありません。

でも、やっていることといえば、他人のスーツケースの中に小銭入れを見つけ、チャックを開けて、「100円あったわ！」。これは、厳密に言えば、窃盗と言えなくもない。でも、バウンダリーを越えている本人にはそんな自覚がありません。

「だって今、小銭が必要だし、私が率先してそれを集めて、みんなが次の行動に進めるようにやっているんだから、何を責められることがあるの？　それともなーに？　私が小銭をかすめ取る人間に見えるとでも？」

バウンダリー・オーバーの共通点はこのような感じです。

「私はね、善意でやっているんだから」「あなたのためを思ってやっているんだから」と言われると、非難するほうが悪者のように見えてしまうのです。

自分の領域を守るということ

この2つは非常に極端な例なので、滅多にお目にかかることはないでしょう。でも、程度の差こそあれ、似たようなシチュエーションにはあなたも遭遇しているかもしれません。相手は「善意」の名のもとに、一歩を踏み込んで来ますので、なかなか嫌とは言えず、「でも、やっぱりおかしい」と気づいた時には、自分の領域にずいぶんと踏み込まれてしまっている……。

ここは、やはりある段階で、「それは違います」なり、「それはダメです」と意思表示をしなければならないわけです。でも、ここで矢面に立って対立軸をつくってしまうのも面倒……。一過性のことなら、ここは我慢しよう……と、言い出せないでいる人が多いのが現実です。

そんな時は、第2章から紹介していくサブリミナルな方法で、「それはやっちゃったら困りますよ」ということを少しずつ相手に理解してもらうようにもっていきましょう。そういうことをこまめにやることが本当に大事です。「いいよいいよ」と譲っているうちに、相手はどんどんあなたの領域に侵入してしまいますから。

バウンダリーを引くということは、自分の領域を守るということです。自分の領域に他人が居座ると、せっかくのホッとする場所もなくなるし、自分のスケジュールにも悪影響を与えることになります。

車のブレーキには「遊び」がありますよね。遊び＝つまり、余裕がなかったら、少しブレーキを踏むだけでガクンとなって、むち打ちにおびえなければなりません。

人間関係も同じです。ちょっと間合いがあって、互いに距離の仕切り直しができるのが理想です。そうした間合いを考えずに急激に密な関係をつくってしまうと、思惑の違いが生じた時、急ブレーキをかけたかのように、ドカンとぶつかってしまう可能性が高くなります。

今なぜ、バウンダリーが必要なのか

個人と個人のつながりが加速する時代

バウンダリー。なぜこれが重要になっているかと言えば、コミュニケーションのツールが、昔に比べてすごく増えているからというのがひとつの理由です。

昔は単純でした。たとえば、私が中学生の頃の話です。すごく好きな女の子ができて、その彼女とどうしてもコミュニケーションがとりたい。で、どうするかと言えば、電話ですね。今はすっかり見かけなくなった公衆電話から塾の帰りなどに電話したものでした。しかもテレフォンカードがなかった時代なので（テレフォンカードという響きもすごく懐かしいですね）、10円玉をポケットの中に準備してのぞみます。そして、かける前には「ふーっ」と深呼吸して、それからぐぐっとおなかに気合いを入れます。なぜかと言えば、電話に出てくるのが誰だかわかりませんからね。

プルル…プルル…の後に男性の声が出たら、そのまま切りたくなるほどの緊張感が走ります。でも、心を整えて、「こんばんは。夜分にすみません、○○と言います。△△さん、いらっしゃいますか」と、登竜門とでも言うのでしょうか、誰が出てもまずはあいさつをして、お目当ての人につながるまでに、まず「家」という関門を通り抜けなければならない時代でした。

それが今や、大きく様変わりしています。先日、私の二十歳の娘からLINEでこんなメッセージが届きました。「彼氏ができました。イギリス人です」。

父親としての威厳を示す間もなく、「えー」と呆然とする私に追い打ちをかけるように、動画のURLが送られてきます。「今度お正月に連れて帰るので、もしかしたら結婚するかもしれないので、この動画を見といてください」。

「そ、そんな動画は見ない」と、ささやかな抵抗だけはしておきましたが、時代も変われば変わるものですね。

テクノロジーの変化によって、コミュニケーションが重くなった

私の家族の例を持ち出すまでもなく、SNSの普及は、コミュニケーションに革命を起こしました。個人個人のつながりはかつてないほど増えていて、それぞれのSNS文化の中で人間関係がつくられていきます。LINE、フェイスブック、インスタグラム……。友達が増えるのはいいけれど、コメントにいちいち反応しなくてはならない。

また、違うSNSで同じ人とコミュニケーションをとることも起こり、たとえば、SNSの性質に合わせて自分のモードを変えているために、あっちのモードで言ったことと、こっちのモードで言ったことが違う時、それだけでつっこまれやしないかと不安になっている人もいます。

コミュニケーションの形は現在進行形で変わっていて、これからもテクノロジーの開発によって、新たなアプリや新たなコミュニケーションツールがどんどん登場するでしょう。

こういう時代、バウンダリーを意識しないままで過ごしていると、あっという間に

情報の波に飲み込まれ、複雑なコミュニケーションの中に自分が埋没していってしまうことになります。

人間関係が錯綜する時代。自分の領域を守らないと消耗する

もう一度、バウンダリーの定義を紹介しておきましょう。

バウンダリーとは、自分と他人の間にある境界線のこと。

これは「相手と大きな壁をつくって遮断せよ」と言っているわけではありません。人と信頼関係を築くことはすごく大事だと思いますし、私もどちらかというと人のためにがんばるとか、人のために努力していくことって、とても尊いことだと思いますし、そういう人間でありたいとも思っています。

けれども、今、人間関係が錯綜している時代に、まず自分を大事にする＝自分の領域を守ることを優先しないと、人のためばかりに疲労、消耗してしまって、あげくの

果てには、カラダを壊してしまうことにもなります。

自分をちゃんと尊重する「自尊感情」というものは、自分と向き合うパーソナルスペース（ひとりになれる時間と空間）がなくては育ちません。

でも、自分を尊重できないと自分の持っている時間や空間を他人に明け渡してしまうことになります。するとますます自尊感情が育たないという悪循環に陥ってしまいます。

あなたのパーソナルスペースを確保するために、相手に「ここは入っちゃいけない領域だ」と思わせる、日常的な振る舞いが必要になります。

さて、それをどうやるか。

その方法を、次章から詳しくお伝えしていきたいと思います。

第2章

凛とした人になるバウンダリーの7つの習慣

1 初対面での第一印象を重視する

バウンダリー上手な人とはどんな人でしょうか？

それは「この人には、踏み込み過ぎてはいけない」と感じさせる何らかのオーラを放っている人です。謎めいていていてアンタッチャブルな何か……。なぜか一目置かれる、凛とした存在感……。

こうしたオーラをつくるために、まず、初対面の際に意識してもらいたいのが、第一印象の力です。ここをおろそかにしないということを守ってください。

第一印象では等身大の自分の上乗せ30パーセントくらいを「演出する」ことを意識しましょう。

「演出」という言葉に、少し抵抗を感じるかもしれませんが、バウンダリー上手な人は、この「自己演出能力」に優れています。

しかし、第一印象で見せている自分と本当の自分のギャップがあり過ぎると、後で困ってしまいます。200％まで元気いっぱいに振る舞うと、反動で後からどーんと沈んでしまいます。ここは1・3倍を目安に、可能な範囲で結構ですから、自分の「上乗せ演出」をしてみてください。

第一印象を大切にする理由は、初対面での印象が、相手の「脳」に大きなイメージをつくってしまうからです。

脳科学での第一印象はすごく重要

先日、有名な脳科学者の先生の講演会にご招待いただきました。主催の方が知り合いだったので、その先生にごあいさつさせてもらったところ、脳科学的に言っても、やはり、第一印象はすごく重要なのだそうです。

その先生が講演の中で

「みなさん、第一印象の大事な場面で、名刺を出しますよね。相手の意識はその瞬間、名刺にいっちゃうわけだから、これはすごくもったいないことなんです。だって、あなたの印象が、あのちっちゃい四角い紙になってしまうんですから」

「せっかくの第一印象、名刺は二の次にして、それを出す前にできれば少し会話を交わして、相手に『こんな人』っていう印象をつくって興味を持ってもらってから名刺交換したほうが、脳科学的にはきわめて有効なんです」

と話されていたのにはとても納得しました。初対面の時にこそ、はっきりと明瞭に話す印象とか、目をしっかり見るとか、言葉のイントネーションに特徴があるとか、イメージで脳に直接、印象を伝えるのです。

第一印象は、ファーストインプレッションとも言いますが、これは想像以上に、相手の脳に強い刻印を残しますので、その印象を、後で変えていくには労力がかかります。だから、これから大事な関係になりそうな人との出会いの場面では、初対面での第一印象には、よくよく意識して臨《のぞ》みましょう。

第一印象をよくするヒント

しゃべることが苦手な人でもできる、第一印象をよくする効果的な方法をお伝えしておきましょう。それは、**おだやかに、口角を上げる**ことです。

口角を上げると自然に「にっこり顔」になるのですが、にっこりしていると人間の顔はどうやったって、幸せそうに見えるものです。たとえばにっこりしながら怒っても、あんまり本気で怒っているとは思われません。これはにっこりしながら不安そうなことを言っても、にっこりしながら悲しそうなことを言っても同じです。口元に微笑をたたえることを、通常の「顔癖」にするだけで、相手はこちらのことを、とても幸せそうに暮らしている人だという印象を持ち、自然と好意をもってくれるようになります。

2 謎めいた雰囲気を醸す

次は、会話の中で気をつけてほしいことです。それは、会話の中で**あまり多くを語らない**ということ。あえて**謎めいた部分を残しておく**のです。

私のクライアントさんには、芸能界の方や上場企業の役員の方もいらっしゃるのですが、そういう方々の共通点を発見しました。

一流の方は、その現場に必要なことはフルオープンで話すのだけれど、それ以外のバックグラウンドのようなことについてはベールをかけたように多くを語らないのです。

口にする単語や数字や固有名詞のせいで、見識と広い交友関係をぷんぷん漂わせますが、決して全体像は見せない。それが、こちらに容易には踏み込ませないような謎めいたオーラを放つのです。

質問すれば、もちろん答えは返ってくるんですが、何でもかんでもしゃべって手のうちをすべて見せてしまうようなことは決してないのです。

会話において多くを語らないというのは、バウンダリーを「自由に保つ」ひとつの方法だと考えています。自分のことについて必要なことは、最小限にして言う。すべて秘密にするのではなく、**今、求められていることは適切に答えるのですが、求められていないことまではいちいち言わない**というルールです。こういった構えは、バウンダリーを上手に引いている方々の共通点だと思います。

3 専門的に多弁

ふだんは多くを語らず、自己開示をあまりしないにもかかわらず、今、必要な話題について、あるいはプロフェッショナルとして仕事については、きちんとしゃべるだけの言葉を持っていることが、相手に与える印象として大きな力を持ちます。「あ、この人、できるな」と誰もが思うぐらいにちゃんと勉強していること。

わかりやすい典型例で言えば、ふだん英語をしゃべるようには振る舞わない人が、日本に来ている海外からの方に道を聞かれて、すっと英語で答えることができるようなシーンです。これは見ていてかっこいいですね。

英単語と文法というひとかたまりの知識が頭に入っていて、いざという時には相手に「お！」と思わせるくらいに引き出せるという意味では、英会話ほどのスキルでなくとも、たとえば、クラシックの名曲なら道で流れる一部分を聞いただけで曲名と作曲家の名前がスラリと出てきたり、ハリウッドスターの出演タイトルがサラサラと思い出せたり……。あるいは、地域のスーパーの特売情報を完全に把握していたり、地元の病院の先生の評判をがっちり押さえていたり、夜空の星座でも、釣りについてでも、何か自分の得意分野を持っていて、それについて語る態度とふだんの物腰とのギャップは、質の高いバウンダリーを周囲にもたらします。

プライベートは謎に満ちているのに、ある分野においては専門的に多弁である。これが、バウンダリーがうまい人のコツです。

4 ちょっとした不安を相手に与える

2で紹介した「謎めく」言動を、友人や家族との関係で応用する場合をご紹介しましょう。

たとえば、いっしょにショッピングに行くような時に行なうのが、一時的に、急に姿を消す、という方法です。私の場合、家族は奥さんと女の子が3人なので、ショッピングなどは女子たちについて回っていったら、まあ、大変です。「あれにしようか、これにしようか」とずいぶん時間がかかります。

「まだか……」と思っているのを気取られるのも何か申し訳ないので、ショッピングがはじまったら私は、急にいなくなることにしています。

そうしてしばらくしたら、「あれ、どこ行っちゃったのかな」と思わせるのです。

ちょっとだけ不安にさせてあげます。スマホがあればすぐに見つけられる現代ならではの技ですが、これは友人関係においても実行可能です。学生時代の友達とどこかに食べに行くとか、飲みに行くとか、そういう場合にもやってみましょう。自分ひとりで不意に消えるのです。「あれ、帰っちゃったのかな」というふうに思わせる。これは、第一印象と同じく、演出に近いことになってしまうんですが、「急に消えることがある」という印象を相手に与えておきます。

相手の理解不能な範囲に身を置く

人間関係が窮屈になる原因は、相手の理解の範ちゅうに自分が置かれている場合です。お互いがお互いの行動を把握しておきたい。みんなで出かけたなら、全員がそこにいるのを確認したい。そんな気持ちの裏をかくのです。

ちょっと理解しがたい謎めいた行動を通じて、相手の理解不能な領域に自分を置いておく。それをテコにして関係を変えていくのです。

一緒に行動していても5分ほどいなくなるとか、10分ほどいなくなるとか、どこに行っちゃったんだろうと、相手にちょっとした不安を感じさせるというのは、人間関係のバウンダリーを引き直す際には、有効な手段です。**いつも自分や全体行動に合わせてくれるわけではない、という印象を相手にもたせる**のです。

思い起こせば、私の小学校の時の友達で、私はサッカーをやっていたんですが、だいたい小学生のクラブチームというと、もう公私ともに一緒に遊んだりとか、練習もそうですし、土日の部活動が休みの時でも、一緒に行動することが多くなります。しかし、友人の彼だけは別で、自分ひとりだけで行動していました。誰かほかの友達がいるのかと思えばそうでもない。ひとりで土日に映画に行ったり、自分のお気に入りの店に出かけていく。彼は本当にそういう自分の領域を持っていて、「何かあいつ、おかしなやつだな」と思われつつも、サッカーもうまいのでどこかみんなから尊敬されていました。こうして今、私が思い出してしまうのも、いつも一緒にいた友人より彼のほうが存在感があったという証拠ですね。このように、自分の領域を持っているというのは、**「自分にはわからない世界をあの人は持っている」という印象を与えることができ、特別な存在感につながります。**

女子の場合、一緒にトイレに行かないとか、一緒に化粧室に行かないことも、本当はすごく大事なのです。ただ、今までいっしょに行動していたのをいきなり「あの人、何で一緒に行動しないの」と目立ってしまうのもよくありません。中学生女子などは、まだそこまで理解が及ばない子も多いので、陰湿ないじめのきっかけにもなってしまいます。そういう場合は、まるで忍者のように、ちょっとずつサブリミナルで同調行動をずらしていくのです。いつも一緒にいるのを100とすれば、1ヶ月くらいかけて90くらいにスライドさせていくくらいにそっとやりましょう。

集団行動からの「いつの間にかいない」というのは高度な技術です。一緒に移動中の階段の昇り降りのタイミングとか、エレベーターのタイミングとか、信号とか、一瞬それはしょうがないなという理由をきっかけにします。そして、「ごめーん」と言いながら後で合流する。この回数を徐々に増やしていきます。自分のバウンダリーを守るというのはこうした地道な行為の積み重ねです。これがサブリミナルということです。一気にやると、人間関係ですから反動が起きますから。

5 「強烈な第二印象」をつくる

第一印象や、すべてをオープンにしない会話、専門的に多弁な態度は、どちらかと言えば、職場などのオフィシャルな場面で多いかもしれません。

でも、バウンダリーがもっとも必要な関係とは、家族、あるいは古くからの友人でしょう。

「家族なんだからいいじゃない」「昔から仲間なんだからいいじゃない」と、ココロの内面まで踏み込まれがちなのが家族と友人だからです。

こうした家族や友人との昔のままの関係性を変えていきたい時は、少し作戦が必要になります。

それは**強烈な第二印象をつくる**という作戦です。友人に対しても、家族に対しても、強烈な第二印象をつくり、それを機会に、これまでのバウンダリーの引き直しをはかるのです。

親に対しては、「ああこの子も大人になったんだな」とか「この子も私にはわからない領域があるんだな」と強烈に印象づけ、友人には「昔とは違って、自分には把握できない世界を持っているんだな」という第二印象をつくるのです。

第二印象のつくり方

どのようにやるかというと、ちょっとケンカをしてみるのです。あ、誤解のないように言いますと、**ちょっとした緊張感や対立を起こす**のです。縁を切るほどの対立は必要ありません。

映画の中でマフィアが取引をするシーンなどでは、交渉を優位に進めるために自分を大きく見せるような場面が出てきます。そういうシーンでは、相手に対していきなり強く大きい態度で臨《のぞ》みます。いきなりです。最初に大きく強く出て、だんだん妥協点を見つける交渉の仕方です。マフィアなので最初はむちゃくちゃハードルの高い条件を提示して、その後、徐々に譲歩するように見せて自分の本当の狙いまで持っていくという手です。いきなり予測もしないような先制攻撃を加える姿が、まるで檻の中のサメが暴れ出すようであるという意味で、これを**「シャークケージ」**と呼びます。

この方法を、家族や友人に対して応用する場合、どうやるかと言うと、ちょっとした行き違いを機に、こちらが、**いきなり、強烈に、思いっきり**怒ります。「どういうこと!!」といったように。相手が予測しないような怒り方をするのです。

ちょっとした行き違いですから、本当はそんなに怒る必要はないことですけど、バウンダリーの引き直しのために、ここはあえて、すごく怒っているように見せます。

たとえば、いつも嫌だなぁと思っている母親の自分への口癖を、ある時、母親が発したとたん「それ、いったいどういう意味!?」「どういう意味で使っているのか説明して！」と詰め寄る……。また、友人に対しては、毎回、待ち合わせに遅れてくる友達がいたとして、その日も遅れてきたら、「馬鹿にしないで！」とひと言だけ言って、その日はぷいっと帰ってしまう……など。

関係性を変えたい人に対して、「ここに踏み込まれたら私は怒るんですよ、覚えておいて！」ということを示すために、いきなり、予想外に、一気に、怒るのです。

一気に怒った後は、冷静になって、「ごめん、興奮して言い過ぎちゃった」と関係を取り直します。

これは1回こっきりではありません。日を変えて、関係性が変わるまで何度か繰り返します。「そこは困る」ということをわかってもらうまで、同じ地雷を踏まれたら何度でも、一気に、怒ります。

そして冷静になって、「ごめん。でも、安易に踏み込まれたら困る領域は私にもあるんだよ」「今までは許していたけれど、これからは許さないんだよ」という態度を示しつづけるのです。

要は、自分を尊重してもらうということです。「何でもかんでもオッケーじゃなかったんだな」と相手に認識してもらうには、時には意図的に、怒りも活用してください。

6 決定習慣をもつ

人間関係に悩んでいる方の多くは、だいたい誰かに決定権を奪われています。大きいものばかりではなく、それは日々の小さな決定についてもです。

決定権を奪われているというのは、しかし、実は自分から決定するというリスクを避けて、それを誰かに任せ続けてきた結果とも言えてしまいますね。

たとえば「主人がこう言うもので私は従ったんだけれど、結局うまくいかないし、本当は最初から嫌だったのよ」とか、職場でも「上司の人間性が嫌で本当は会社をやめてしまいたいが、生活のためにイヤイヤ従っている」など、実情は相手に依存していながら、相手の決定したことに不満を感じて生きているということです。

もちろん依存関係というのは、私はある意味で、人生を生き抜くひとつの知恵だと思っています。いつも誰かとぶつかっていては生活や仕事がまわりませんから。

しかし、ほんとうにあなたの人生に、あなた自身の主導権を取り戻すためには、今日からは「自分が決定する」ということを実践してください。

私はこれを「決定習慣」と呼んでいます。

小さな決定からはじめましょう。いちいち細かな決定を引き受けるのです。たとえば、家族や友だちと出かける際に、時間や場所を、自分から提案していく。あるいは友人や同僚と一緒にランチを食べに行く時、「何、食べる？」という場面で、自分が率先して「ここにしようよ」と言ってみる。

私の場合はそんな時、近辺のお昼ご飯を食べるお店の候補を事前に調査しておいて、ランチタイムでみんなが行動を決めかねた時には、その中から決められるようにしています。最初からここにしようと押しつけることはせず、しかし、お店そのものを決めるのに一から迷わないように準備しています。みんなが決められないなら自分が決める。そういうふうに決定する習慣を持つということです。

これは**周りに同調しないというわけではなく、「私は決める人だ」と印象を持ってもらう**ためにやるのです。

また、細かく手続きしなければならないこと、たとえば、役所に書類を届け出る手続き、スマホやパソコンの諸設定、そういうことに詳しいというのもチャンスかもしれません。誰もが苦手な場面（決定を留保しやすい場面）で、その分野に明るいということはそれだけで主導権が得られます。

日常生活でも決定すること、判断することが山ほどありますが、これを一つひとつ明確に判断する姿勢はとても大事です。

その結果として、人間関係においても「主導権は、私にあります」という関係ができていき、バウンダリーを引き直す手がかりとなるのです。

日常の自分の行動をいちいち決定するのは、自分の人生や人間関係をあいまいにしないという決意の表われです。

7 会話をまとめる癖をつける

さて、そうやって独自の決定や自分の領域を積み重ねてきた人は、社会に出たり、地域活動に参加するようになった時に、長話をする人の話を終わらせる力が身についていることが多いものです。

同調行為に慣れてしまっている人は、発言力の強い人にいつまでも合わせてしまって、相手の長話を終わらせるタイミングというのが見極められません。それでいつまでも聞き役になり、会話のバウンダリーが引けないのです。

会議でも長い会話を終わらせるのは、ふだんからちょっと違う行動をとっている人です。なぜならこの人は、他人と共に行動をしないパターンに入る、絶妙なタイミングを身につけているからです。一対一の友人との会話においても、こういう人は少ししぐさや姿勢を変えるだけで、もう終わりだなと相手に思わせるような不思議な間合いを心得ています。会話の終わりの主導権を握ることができる能力は、これはバウンダリーにおいてすごく大きな力です。

日頃の小さな努力ってほんとうに馬鹿になりません。バウンダリー・パーソンになるには、日常にどれだけその意識を持つかということにかかっています。

次章では、会話、しぐさ、表情といった細かい部分で、どのようなサブリミナルな効果をもたらすことができるのか、それを具体的に見ていきましょう。

第3章

さりげなく境界線《バウンダリー》を引くサブリミナル・トークとしぐさ

バウンダリー・トークの基本

バウンダリー・トークの基本は、**できるだけシンプルに話す**ということです。**こちらの会話のペースを短くし、そのペースにだんだん相手を巻き込んでいく**のが理想です。たとえ相手が話の長い人であったとしても、こちらは自分のスタイルを崩してはいけません。相手が長いからと言って、こっちも長くするというものではないのです。会話というのは、大げさに言えば、こちらの脳の世界と、相手の脳の世界の交流です。相手の脳のなかが散らかったままだと、こちらの脳も同調して散らかるようになってしまいます。これを「思考感染」と言います。

家でも、ひとつの部屋が散らかりはじめたら、なんだかほかの部屋にまで波及してしまいますよね。あれと同じです。ひとつの会話でいろんなことを話されてしまうと、聞かされるほうはすこしイライラします。

だからバウンダリー・トークでは、相手の脳をイライラさせないためにも「ひとつのトークでひとつのゴール」と決めてから話します。あれこれテーマを盛り込まず、**ワントーク、ワンゴールを想定して話をする**というのが基本です。

どうやれば伝わるの？

ある夫婦の会話を例にとりましょう。中学3年生の息子の進路について話をしているとします。たとえば奥さんがゴールを設定しないまま話をすると、たいてい旦那さんは、途中で割り込んできます。「で、要点は何？」と。

奥さんは話を聞いてもらいたいだけなのに、要点を聞かれるので「え？」と口ごもってしまいます。すると旦那さんはここぞとばかり「こうで、こうで、こうだろう」とたたみかけてきます。その時は旦那さんの言ったことが正しいような気にさせられるので、同意してしまいます。けれど何だかすっきりしない。

会社人間の男性の多くは、ロジカルな会話に洗脳されていますから、あっちへ行き、こっちへ行き、という会話に耐えられません。そして、世の中では「論理的なほうが上」という風潮があるので、自然、会話の主導権が、旦那さんに行ってしまうのです。

でも、子供のそばにいて一番状況をわかっているのは自分。それなのに、自分の意見が尊重されないのは納得がいかない……。

これは、意見の優劣の問題でも、どちらが正しいというわけでもなく、ただただ会話の組み立ての齟齬《そご》の問題ということになります。

自尊感情を傷つけられないためにも、バウンダリー・トークの公式を身につけましょう。

バウンダリー・トークの公式

①はじめに会話のゴールをイメージする（言うのは後）
②事実の描写をなるべく入れて話す
③その上で、その事実に伴う自分の感情を言葉にする
④最後に、必要な場合は「だからこそ、このように協力してほしい」とつけ加える

Goal　ゴール
Fact　事実
Emotion　感情
Request　依頼

先の例で言えば、

G　子供の進路について、夫婦がお互いに協力しながら、母親として、父親としてそれぞれ責任を分担して関わっている姿をイメージします（＝ゴール）

F　息子の学校での成績が平均より下で、担任の先生からも進路の希望を聞かれている。息子ははっきり言わない（＝事実）

E　私は心配。進路もだけれども、息子が最近、距離を置いてあまり話してくれなくなっていることが（＝感情）

R　父親として、男同士で話を聞いてあげてほしい。私には話せないことがあるのかもしれないし、あなたに協力してもらえると私も安心（＝依頼）

この順番で話せば、相手には状況がよくわかり、自分に求められていることが理解できます。これがたとえば、①、②、③を飛ばして、最初に④の「あなたも父親らしく子供の進路に関わってよ」と要求だけを言ってしまうと、相手にはどうしてそうなのかがわからないので、反発してコミュニケーションにエラーが起きてしまいます。

また、言い方のイントネーションにも気をつけましょう。最初から、「私、困っているの、あなたのせいよ」という雰囲気を漂わせたり、あるいは、終始、不安げに話をしても、相手に話の骨子が伝わりません。

会話をはじめる前の全体のゴールのイメージがとても大事です。①から④のひとかたまりをイメージしてから話すということを、意識的にやりましょう。そして、できるだけ堂々と話すのです。

もちろんすべての会話でこんなことをやっていると身が持ちませんが、ここ一番の大事な会話やコミュニケーションにエラーが起こりがちな相手との会話では、この順番を意識してみてください。

存在感が伝わる３つのサブリミナル会話テクニック

さて、バウンダリー・トークにおいては、相手にこちらを尊重してもらうためのいくつかの工夫があります。その代表的な３つのテクニックをご紹介しましょう。

1　オリジナル・フレーズを使う

自分の存在感を示すには「自分がどんな人なのか」を印象づける、わかりやすいキーワードがあると有効です。「この言葉といえばこの人」と連想させるフレーズを、専売特許のような形で、繰り返し伝えることです。

「ありがとう」「おはよう」「またね」「すごいね」「やるね！」などの一般的な短い言

葉であっても、独特のイントネーションで印象づけて使えば、あなたの顔を思い出してもらえるかもしれません。私がお世話になっている日本で指折りの凄腕コンサルタントは、「大好き」という言葉をあいさつのように使っています。いついかなる時も、どのような場所でも使っているので、この方の知り合いの多くが、テレビやラジオや小説などで「大好き」という言葉に触れるたび、この方の顔を思い出すでしょう。

2 会話ではなるべく、接続詞を使わない

日常会話を円滑に終わらせ、かつ、会話における対立を予防するために意識してほしいのは、極力、接続詞を使わないということです。ディベートなら、有効に使うべき接続詞も、日常会話の場合は、流れを止めたり、方向転換したりと、話を長引かせてしまう要素です。バウンダリー・トークでは、いつでもその場から離れられるように会話は短く切ることが基本です。話を長引かせないためなら、接続詞の多用は控えましょう。もちろん、絶対使わないように、というわけではありません。

まずは「でも」とか「しかし」とか、相手の話の流れに対立するような否定的な接

続詞をなるべく使わないこと。さらに話し言葉の場合、「だから」や「ということは」や「つまり」なども対立軸をつくってしまう傾向があるので要注意です。

3「3」の法則

相手に明確に自分の主張を的確に伝えるように会話する時には、「3の法則」を活用しましょう。考えを3つの単語で並べて言ったり、3つ並べて提示したり、相談する際も「私、この3つの中で、どれを選ぶか迷ってるんだけど」と3つ順番に言っていくのです。

3という数字は、自分にも相手にもイメージしやすい数字です。2つだとちょっと物足りないし、4つだと覚えにくい。リンカーンの「人民の、人民による、人民のための政治」や「自由、平等、博愛」などからおわかりいただけるでしょう。

プレゼンテーションの時、「3つの論点があります」と進める方法は、ロジカルシンキングでもよく使われますので、日常会話でも「3つあるんだけど」と先に数を提示しておけば、3つまでならと、相手は最後まで聞いてくれます。

長話をイライラせずに聞くコツ

さて、次に話が長い人への対処法です。あなたの周りにも「なんであの人はいつも話が長いんだろう？」と、気分が萎えてしまうような人がいませんか？

その人にとっては、長く話すこと自体がストレス解消になったり、聞いてもらうことに自己受容感を感じていたりすることかもしれません。もちろん「話が長い人」と「聞くのが好きな人」でお互いが合意していれば問題ありませんよね。

でも、ひとりが一方的に話して、聞くほうは、イヤイヤそれにつき合わされているという場合は困ってしまいます。

では、話が長い人の話がはじまった時、どうするか。

そっちが長くしゃべるならこっちも！　とばかりに自分も長く話せばいいのかというと、それも違います。こちらはバウンダリー・トークの基本を守って、ワントーク、ワンゴールで短く終わらせる。そして、相手の話を聞く時の、あいづちに工夫を凝らしましょう。

「あいづち落とし」という技

あいづちと言えば、「うん」「はい」「ええ」「なるほど」「ほう」「ほうほう」「へぇえ」「ああ、そうか」など、相手の話をより盛り上げたり、もっと引き出したりする時に有効です。逆に言えば、あいづちを肩すかし的に使うことで、相手の長話のリズムを狂わせることができます。

うん……、うん……、うん……、うん……、と調子のよいリズムであいづちを打っておいて、肝心なところで、うん、と言わない。

なるほど、そうか、そうねえ、と好意的なあいづちを打っておいて、しばらくしたら、「そう？↗」と上げ調子で「？」付きの「そう？」を使って、同意できないな、という意図を暗に示して、話の流れを止める。

電車で居眠りする時、あのうるさいガタンゴトンガタンゴトンという騒音が、一定のリズムとなって睡魔を誘います。逆に急に静かになって、ハッと目覚める時があるでしょう。人間の意識は、リズムが変わる時に反応します。だから、あいづちも一定のリズムの後、急にリズムを乱してみるのです。

それでも長話が続く場合は……

あいづち落としでも微動だにせず、長話が続く人対応のために、もうひとつ「秘伝の聴き方」をお伝えします。相手の会話を途切らせることなく、しかし、こちらはイライラしない方法です。

長年のカウンセリング現場でも、ある質問を境に、クライアントさんの話が乗ってくる時があります。そこまではずっと寡黙だった人が、スイッチが入ったようにすごくしゃべってくださる時がある。せっかく自己開示がはじまるところなので、止めるわけにはいかない。でも、けっこう長い。段落がいくつもつながって、原稿用紙20枚分くらい続く感じです。

それでも、カウンセリングの傾聴どころですので「うんうん、はい……、なるほどそうですか」と相手から目はそらしません。もちろん重要なことは聞き逃しませんが、長いと内容がどんどん薄まっていきます。そこを同じ集中力で聞き続けるのは至難の業です。

私は、相手の話が10分以上続くと踏んだ場合、自分の内側で何をやっているかというと、**自分の呼吸に意識を合わせています**。話は穏やかに聞きながら、「吸ってー、吐いてー、また吸ってー、吐いてー」というふうに意識を呼吸の波に合わせていくのです。

すると不思議なことに、相手の会話の大事なところだけは、ちゃんと聞こえるのです。キーワードは聞こえるんだけど、話は何か、音楽のように聞こえる時があって、とても楽な気分になります。

なぜ、自分の呼吸に意識を合わせるといいのか

これはどんな原理かと言いますと、**日常会話で相手の話が長いと感じるのは、実は聞いてる側の感情が問題だから**です。

「なんで、ここでそんな話題を入れてくるの？」「この話、あちこち、とっちらかってない？」という感情がわいてきて、「ああ、またはじまったわ」という感情に自分が染まっているので、相手の話が長いというストレスを、より強く感じてしまうのです。

それが、自分の呼吸に意識を合わせることで、そうした感情を極力消していくことができます。

あなたも一度、試してみてください。話の長い人の話がはじまったら、自分の呼吸の波に意識を合わせるのです。「吸ってー、吐いてー」と。

相手に「え？　聞いてないじゃない？」と気づかれないようにするには、目は涼しげに、視点は相手の眉間あたりに置いて「聞いてますよ」という表情で、でも意識

は、自分の呼吸の中です。

それで、自分の感情を手放す。そうやるだけで、不思議と相手の言っていることのうち大事な単語が、頭に入ってきます。

話の文脈より単語です。相手にとって重要な単語さえ覚えていればよいのです。すると「あ、もう終わったの？」というふうに時間が短く感じられます。しかも、相手の言わんとしている要点は単語でつかむことができます。


上級編になると、自分の呼吸と相手の呼吸を同調させて、そして少しずつずらしていき、相手の呼吸の間合いに入り、こっちがすーっと息を吸ったとたん、相手の会話が終わってしまうという方法まであります。

「息を合わせる」という言い方がありますが、本当に息のリズムを合わせておいて、それを上手にずらしていくと、相手は、拍子抜けしたように会話を続けるエネルギーが維持できなくなるのです。

でもこれは高等技術なので、相手の長い話がはじまったら、まずは自分の呼吸に集中してみてください。

5つのメッセージ・ゾーン

表情やカラダのしぐさを使って、目に見えないバウンダリーを引いていくこともできます。体には意味の生じるゾーンがあって、ふだんから無意識にココロを表現しています。それを逆手にとって、相手に何らかのサインを印象づけるのです。しぐさや表情はバウンダリーを引くのに有効に活用できるということです。

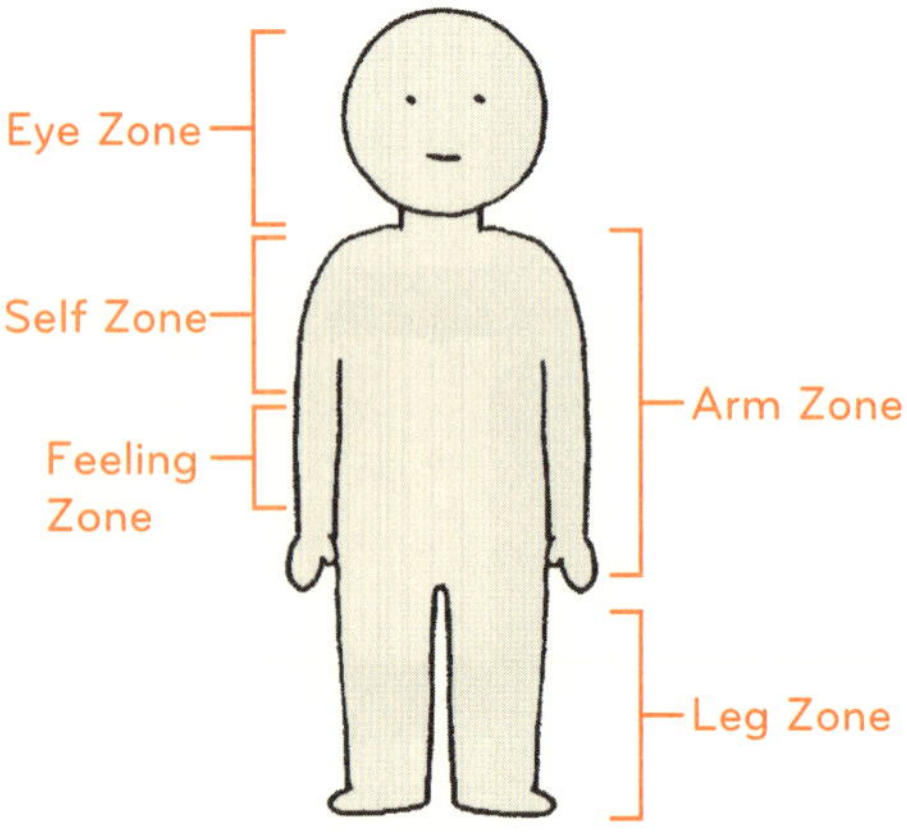

1 頭部

まずは頭部。顔も含んだ頭部です。「目は口ほどにものを言う」と言われることからもわかるように、目は特に多くのことが表現できます。なので頭部全体をここではあえて、Eye Zoneと呼びます。もちろん他の顔のパーツにも気持ちは宿ります。口元は意識的に口角を上げると、それだけで表情がずいぶんと明るくなります。しゃべらなくても目と口元だけで、どんな気分なのかを相手に伝えることができますね。表情については、後で詳しくみましょう。

2 首・腕・手

次に首、腕、手。首は、うなずきか横ふりかによってYES、NOを示すことができます。また、首をかしげるだけで疑問や不賛同を相手に示すこともできます。優秀な講師は、よく手を使います。ノンバーバルコミュニケーションと呼びますが、言葉以上に身ぶり手ぶりがうまい人には伝える力があります。手と腕をどう動かすかが、コミュニケーションの成否を左右すると言っても過言ではありません。ここはArm Zoneと呼びましょう。

3 胸

続いて胸のあたり。肺・心臓などがおさまっている胸部は、身体的には「私が生じる場所」、Self Zone。自慢したい時は胸をそらせますが、自己を守りたい時は前かがみになってしまいます。

腕組みというのは、自分の領域を侵されそうになった時にします。心臓と肺がある〝自分領域〟に相手が入ってくるのを防ごうとする時に腕を組むということですね。

4 腹部

そして、おなかです。腹部では消化吸収を行ないますが、同時に吸収しないものも決めています。好き嫌いが宿るFeeling Zoneです。嫌なことが続くとおなかを壊して下痢になる人もいます。

ここは、Self Zoneとはまた別の、その人の価値判断のようなものが宿る場所です。サムライが「腹を切る」のは、昔はここが魂の場所と信じられていたからです。今でも堂々と自分らしく振る舞う人のことを「腹が座っている」などと言いますね。

5 足

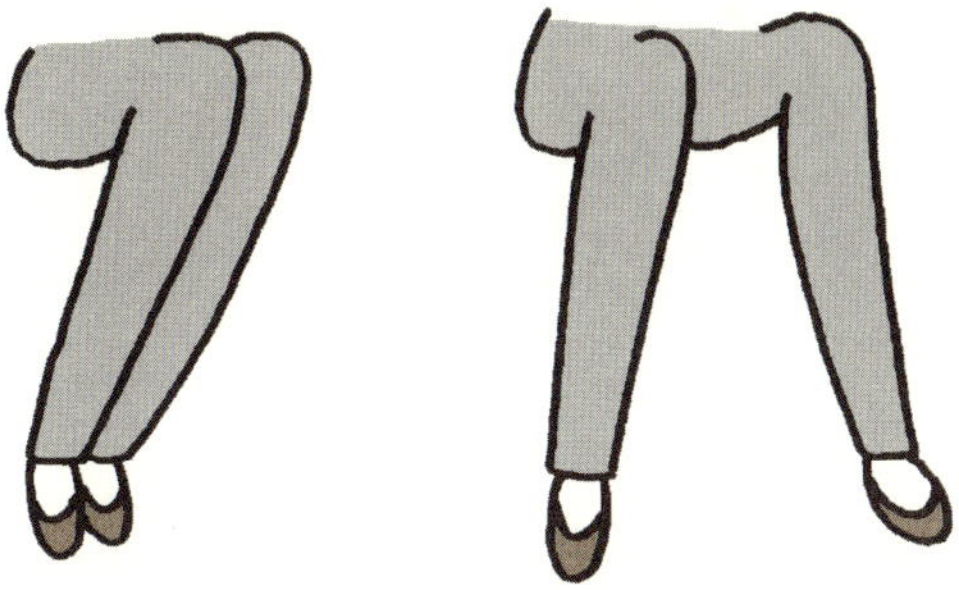

最後に足。Leg Zoneです。足は無意識のうちに、さまざまな心理状態が現われてしまう場所です。カウンセラーが相手をウォッチする時には、足の動きをよく見ていますね。足は骨盤からはじまりますが、最初の付け根には、子供の頃の心情が残っています。そして、だんだん成長して、足首・足先は、その人の大人になった姿。足は、付け根の子供から末端の大人へというようになっていくのです。だから、足をそろえている人は理性が強いと見ます。大人な自分が足全体を制御するんですね。逆に足を開いちゃう人は子供のほうが優勢なので、子供心がオープンになっている。歩き方を見ていても、子供っぽいのか大人っぽいかが現われます。

表情を使ったサブリミナル・バウンダリー

「人間の最大の罪は不機嫌である」と言ったのは、文豪ゲーテです。文筆家であり、芸術家で、色彩論も残し、物理学や建築学にも通じ、政治家でもあったゲーテはまさに超人的観察眼の持ち主でしたが、彼は、**「自分の心を支配できぬ者に限って、とかく他人の意思を支配したがるものだ」**という格言も残しています。ものすごく示唆に富んだ言葉です。さすがゲーテ。

不安なことばかりが起こるから不安になるのか、不安そうな顔をしているから不安なことばかり起こるのか？　後者で考えるほうが、人生を自分のものにできそうな気がします。いつも怒った顔でいると、怒っている人同士の共鳴が起こって、イライラしているような人間関係ができやすいでしょうし、また、イライラに敏感にアンテナが向くような生活になってしまうでしょう。

表情をできるだけ「ごきげんモード」で過ごせている人には、基本的に悪いことはあんまり起こらない。それはある種の能力なんだなあと思います。ごきげんでいるというのは人間の大事な能力で、これができると人間関係も良好に回るのだと思います。意識できるなら、ごきげん能力を発揮して、できるだけ「ごきげん顔」でいることを、ふだんからチェックしたいですね。

7つの表情

さて、表情のベースには、7つの感情があります。それは、恐れ（不安）、悲しみ、驚き、怒り、嫌悪、軽蔑、そして幸福感です。

明らかに怒っているとか、明らかに悲しんでいるという、その表情の手前に「微表情」というものが生じます。

微表情においては、世界的な研究があって、特に感情と表情に関する先駆的な研究を行なったアメリカ合衆国の心理学者ポール・エクマン博士は有名です。エクマン博士をモデルにしたドラマまであります。「Lie to me」というアメリカの連続ドラマですが、主人公のライトマン博士が微表情研究所を持って、嘘を見抜いて犯罪捜査に協力するというストーリーです。すごく人気があったそうですが、こういう微表情研究がドラマになるほど表情は大切だということですね。

では、7つを個別に解説しましょう。

恐れの染みついた表情　恐れの象徴的な表情の動きとしては、左右の眉を上げ、眉を中央に引き寄せ、目を見開き、下まぶたに力を入れ、口角を横に引くというものです。これが習慣になっていると、おでこと下まぶたに緊張が残ります。

悲しみの染みついた表情　悲しみの象徴的な表情の動きとしては、まゆを中央に引き寄せてこちらから見るとハの字のようになり、口角を下げるのでこちらから見るとへの字のようになり、下唇は前に突き出されるようにするので、あごにしわが入ります。これが習慣になっていると、眉毛の外側からこめかみに力が入っていて、あごにうっすらとしたしわが残ります。

驚きの染みついた表情　驚きの象徴的な表情の動きとしては、眉を下から上に上げ、目をまんまるに開き、「あ！」もしくは「え？」と口を開けます。驚きは一時的な感情ではありますが、これが習慣になっていると、常に予想外だという表情になり、目がきょろきょろ動き、口は少し半開きになりがちです。

怒りの染みついた表情　怒りの象徴的な表情の動きとしては、まゆ毛が中央と下部に寄り、鼻に縦じわができ、目に鋭く力が入り、まぶたが上下とも緊張します。そして、唇は固く閉じられます（怒りの言葉が発せられる時はもちろん大きく開く）。これが習慣になっていると、常にむすっとした顔になり、眉間と唇に鋭く力が入っています。

嫌悪の染みついた表情　嫌悪の象徴的な表情の動きとしては、嫌なにおいを嗅いだ時のように鼻にしわを寄せ、上唇だけを上げたようになり、いーっとした時のような表情になります。これが習慣になっていると、鼻の周りにしわが生じ、顔をよく横に向ける癖がつきます。

軽蔑の染みついた表情　軽蔑の象徴的な表情の動きとしては、片方の口元が上がります。これが習慣になっていると、上から目線で、左右の口が非対称になります。

幸福感の染みついた表情　幸福の象徴的な表情の動きとしては、頬が引き上げられ、両方の口角が上がります。目がやさしくなるのも特徴で、これが習慣になっていると、朗らかさと優しさがにじみ出てきます。

恐怖・悲しみ・驚きの表情

恐怖

弱い恐怖

悲しみ

弱い悲しみ

驚き

弱い驚き

怒り・嫌悪・軽蔑の表情

怒り

弱い怒り

嫌悪

弱い嫌悪

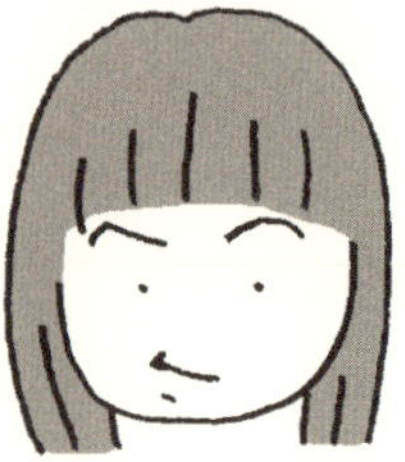
軽蔑

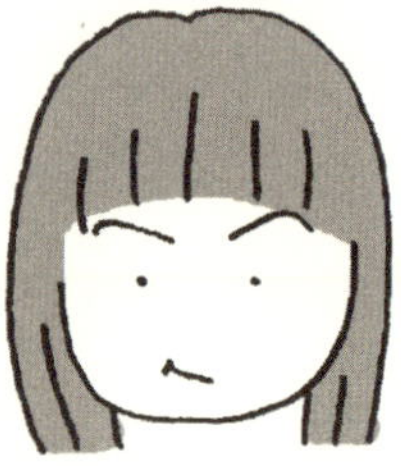
弱い軽蔑

悪感情の表情をバウンダリーに活用する

では、鏡で自分の表情を確認しておきましょう。

まずは嫌悪感。「私はこれが嫌い」という時の顔です。嫌悪感は嗅覚が強調された表情です。嫌なにおいを嗅いだ時にするあの表情です。人間関係においては「こんな性根の腐ったやつ〜」なんて思ってしまう時に、嫌悪感が出てしまいますが、ふだんから相手への理想が高かったり、人に対する許容範囲が狭過ぎると、その反動でこの表情が出やすくなります。すると軽蔑だったり、自分の優越感を示す表情に連動し、いやらしい顔になってしまうのです。

これは、よくよく観察すると、口元が片方だけ、一瞬くっと上がります。本人はまったく気づかない程度ですが、注意深く観察していると、ほんの少し出るのがわかります。こういった軽蔑表情は、バウンダリーを混乱させるもとになるので、意識して封印するようにしましょう。

しかしバウンダリーを意識的に引く場合、**嫌いだということを、微表情としてちゃんと見せるのは有効です。**

怒りと嫌悪感は、自分を守るためにはとても大事な能力です。その力が必要な時に使うためには、それがいつも出ていてはまずいですね。怒り顔と嫌悪顔がいつもの表情だと、いざという時のバウンダリーが引けません。

また、恐怖心と悲しみの表情は、怖い時、悲しい時に出るのは仕方がありませんが、ただし、これも癖になって、**悲しみの顔や恐れ顔がベースになってしまうと、それだけで相手からのバウンダリー・オーバーを招いてしまいます。**

ふだんから幸せ顔にしておくと、いざという時のバウンダリーに有効

7つの微表情のうち、よりよい人間関係をつくるなら、基本、「幸せの表情」を意識しましょう。自分の顔のベースを幸せ顔にするのは、バウンダリー形成にとても大事です。

ちなみに、両方の口角をぐっと上に上げることは、物理的に消化管を上に持ち上げることになります。胃腸は、およそ9メートルから10メートルもあって、消化管の最初の入り口は、口です。出口は肛門。胃や小腸、大腸は自分の意思で動かすことはで

幸せの表情

幸せ

弱い幸せ

きませんが、入り口である口と肛門は動かせます。ここを意識的に動かすことによって、じつは胃腸全体を制御することができるのです。

胃下垂の人は、できるだけ口元をぐっと上げることをおすすめしています。胃下垂で胃が下がってしまうと、腹膜全体を下にひっぱるので、内臓が下がってきます。すると内臓下垂が起こって、圧迫が下腹部に起こる。膀胱、大腸、女性の場合は子宮に圧迫が起こるので、口角を上げるのは、にっこりするためだけではなくて、下腹部の症状の予防になり、健康にもいいのです。

しぐさを使ったサブリミナル・バウンダリー

続いて、体のしぐさについて解説しましょう。しぐさによって、言葉以上のメッセージを発信することができます。

先ほど5つのメッセージ・ゾーンの話をしましたが、しぐさにおいて非常に強力なのは顔と身ぶり手ぶりです。特に使ってほしいのは「手」と「腕」です。

シャットアップ、シャットダウン、そして腕組み

バウンダリーを引くために必要なしぐさは、**手の上下**です。シャットアップ、シャットダウンですね。また、腕で包み込むような「領域」を示すような手の動きも

手の動きで「責任の領域」を示唆できる

有効ですね。「この辺で決めましょう」というような手の動きをうまくやると、お互いの責任の領域を示唆できたり、時間的に「もうそろそろ終わりにしましょう」といったサインをつくれます。

手の振り方を少し変えると、単調なコミュニケーションの波に、変化を起こすことができます。会話においては、しゃべりながら、包み込んだり囲い込んだり、上下にシャットダウンとシャットアップなど手を上手に使うこと。

そして、自分のSelf Zoneを守るためには、相手の意見に「それはちょっとどうかな」と思うような時にはさっと腕を組んだり、「いや、あんまりそれは信頼できませんね」って時に指を組んだり、これを意識的にやるのです。無意識ではなく意識的にやって、こちらの心情をアピールする。組むというのはブロックですから、ちょっと抵抗します、というサブリミナル・サイン になります。

肩を使ったサブリミナル・サイン

シャットアップ、シャットダウン、腕組み以外のしぐさを使ったサブリミナル・バウンダリーを４つほどお伝えしましょう。

左肩を下げる・右肩を下げる

左肩を下げると、「ちょっと退屈です」「ちょっと眠いです」「ちょっとおなかがすきました」というサインが伝わります。微妙な動きですが、左肩が若干下がる瞬間には「ちょっと退屈なので、状況変えたいです」という意味が表われます。

逆に、右側。右側に肩を下げると、これは「不機嫌です」「ちょっとがっかりしてます」あるいは「ちょっとイラっとしています」。というサインが相手に伝わります。

これらはとても微妙なサインです。カウンセリングしていても、人はたいてい真っすぐには座ってないので、正中線をイメージしながら、「若干、今、右が下がったな」とか「左が下がったな」と注意深く観察しなければならないのですが、これを逆に意識的に使うことによって、サブリミナル・サインを送ることができます。

左肩を下げて「少し退屈ですよ」「話題、変えませんか」というメッセージを、右側を下げて「ちょっとイラっとしてます」「それはちょっと私、その話には同調できませんね」というメッセージを送ることができます。

首をかしげてしまうとあからさまになってしまいますが、肩を下げるくらいなら、そんなにあからさまじゃないけれども、意図は伝わるのです。

右肩を前に出す・左肩を前に出す

右肩を前に出すと、左肩が引きますね。これは「もういいじゃないですか」「もうやめましょうよ」というサインになります。

肩の動きでサインを送る

不機嫌です

退屈です

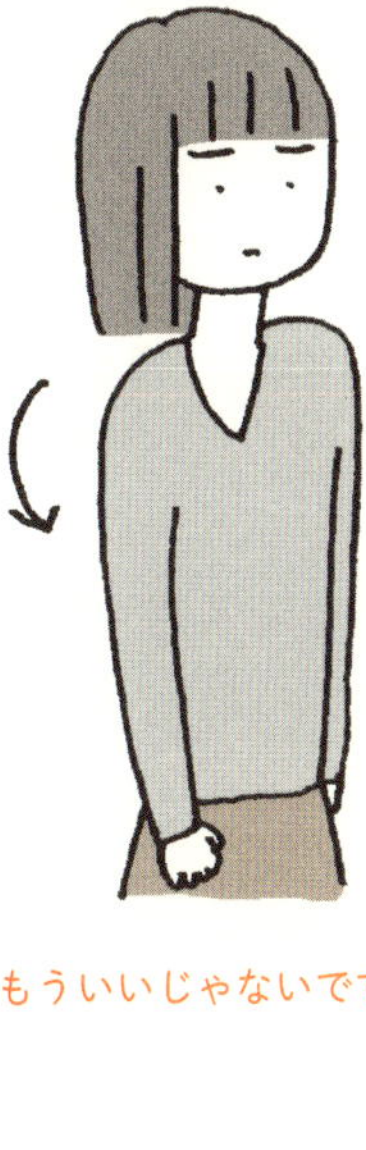

もういいじゃないですか

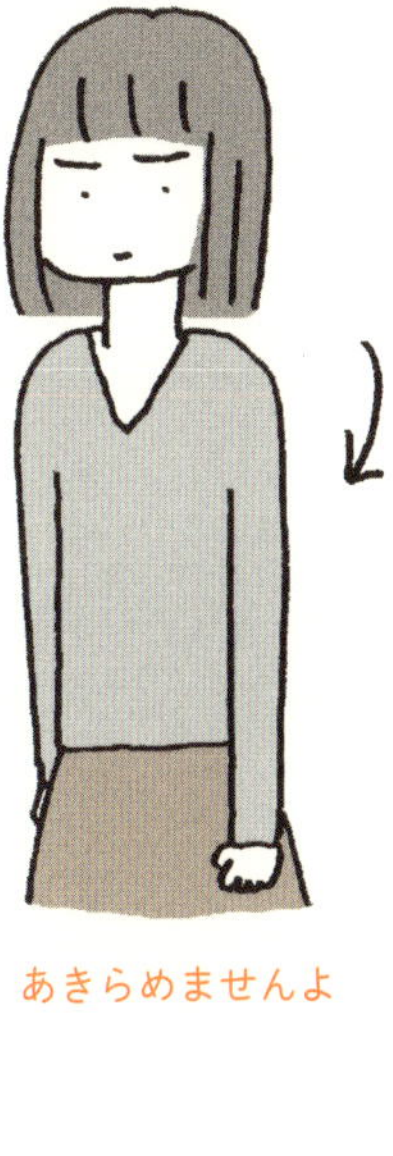

あきらめませんよ

逆に左肩を出して、右肩を引くと「あきらめませんよ」というサインになります。

これらは私がカウンセリング現場で5万時間以上かけて体得してきたことなので、とっさには使えないかもしれませんが、積み重ねることで、サブリミナルに自分の領域を守っていくことができます。地味ではありますが、だからこそ、効果が持続します。ぜひ、覚えておいてくださいね。

第三者の声を使って伝える

サブリミナルなバウンダリースキルで、もうひとつ、つけ加えておきたいことがあります。それは心理学でいうところの「ウィンザー効果」。

人間関係の問題が、自分と相手との二者間で解決を図ろうとしても、なかなかうまくいかないことが多いのはなぜでしょう？　その理由は単純です。個人Aも個人Bも、ひとりで生きているわけではないからです。

たとえ今、目の前のAさんと言い争いになっているとしても、Aさんと私には共通の友人（Bさん）や知人（Cさん）がいて、Bさん、Cさんの作用も、Aさんと私の言い争いに関与しています。狭い意味では、Aさん-私の対立構図も、広い意味では、Aさんと私とそれを取り巻く友人関係や職場関係の問題であったりするということです。ですから、職場や家庭での人間関係トラブルは、二者間で完結させようとはせず、上手に第三者に関与してもらうことが肝要です。

たとえば、知り合いで嫌味な人がいたら、「〇〇さんが、△△さん、本当はすごく親切な人なんだって言ってました。でも、ナイーブだからわかりにくいのよねぇ、とも（笑）」と言ってみたり、職場で話の長い人がいたら、その人よりも上司を引き合いに出し、「プレゼンや伝達は短く話すことが大事な評価基準って会議で話していたらしいです。私も気をつけようと思います」と言ってみたり……。会話の中に、第三者の発言をうまく組み込む法、これを「ウィンザー効果」と呼びます。

カウンセリングにおいても、私はこの法則はすごく用いました。あるクライアントさんのある問題は、決してその人だけで完結する問題ではないし、私とクライアントさんだけで解決できるものではない。その人を取り巻く小集団におけるパワーバランスが重要なのです。サブリミナル・バウンダリーはいま目の前にいる人から解決を引き出すのではなく、回り回って芽が出るような、人間関係全体に種を植えることも大事だということを念頭に置いておきましょう。

第4章

ケースで見る人間関係のバウンダリー・オーバー

こんなタイプにどう対応すればいい？

最初にあなたに知っておいてほしいのは、「感情には感染力」があるということです。これは心理学の実験でも証明済みです。

たとえば同じアドレナリンを実験的に注射された学生たちがA群、B群に分かれ、一方はその実験結果が出るまで、すごくイライラして怒りっぽい人たちがいる待合室で待たされました。もう一方は、すごく幸せそうで歌などを楽しそうに口ずさんでいる人たちがいる待合室に。

アドレナリンの作用による緊張・発汗・心拍増加・血圧上昇・手足の震えなどの生理学反応は同じなのに、A群の学生たちは、待合室での雰囲気によるイライラのせいで心拍数が上がったと解釈し、B群の学生たちは、幸福感のせいによる興奮作用でそうなったと解釈しました。

これは、シャクターの情動二要因理論と呼ばれる実験ですが、あなたの感情は、環境や周囲の人間関係によって影響を受けます。つまりバウンダリーを引いていないと、**相手の感情が、じわじわとこちらの感情として感染してくる**ということです。

自分の感情は、必ずしも自分の中から生じるものばかりではありません。本来は、相手のイライラや不安だったものが、バウンダリーがあいまいなために、自分の感情になってしまうのです。

この章では、代表的な困ったタイプの人への心理考察と、その人たちからの〝感情感染〟を防ぐ対応の仕方をご紹介していきましょう。

押しつけがましい人、愚痴ばかり言う人、嫌味な人、上から目線で話す人、はり合ってくる人、悲観的で心配ばかりしている人、イライラを伝染させる人への対応を挙げていきます。

押しつけがましい人

「あなたのためを思って」「よかれと思って」というセリフは、本書の冒頭から登場するバウンダリー・オーバーの典型例ですが、ほかにも、「今はわからないと思うけど」「いずれわかってくれると思うけど」、あるいは「普通は」「常識的には」など、自分の基準が世間の基準というような〝圧〟をもって接してきます。

考察

押しつけがましい人というのは一般に、善意なので悪気がありません。自分がよいと思うことは、相手にとってもよいことであると思い込みやすいところがあります。

世話好きで感謝されることがうれしいので、こちらが望むようなサポートをしてくれて、最初は本当に助かります。

しかし、これが段階的に進むと相手からのコントロールがはじまります。こちらも最初は受け入れていますが、やがて、おかしい、もういいと思って態度を硬化させたりすると、「これだけやってあげたのに！」と態度が反転します。

押しつけがましい人の心理は、〝自分流〟で社会や人間関係にチャレンジしてきたこと。そしてその方法で一定の小成功をおさめてきた自負があることです。自分が世の中に通用したことやそのやり方が間違っていないということを、他人を通しても証明してみたいという欲求があるので、周囲の関係の中で、私のおかげであの人は成功した、あるいは、窮地を救われたと言えるような人を探しているのです。

対応法

健康食品や化粧品、保険などを売り込んでくる押しつけがましい人には、最初からはっきりと意思表示をしましょう。相手は断られ慣れている強い人だと思って、断る

勇気をもって、毅然と接しましょう。押しつけがましさというのは段階的に強化されていく性質を持っていますから、最初が肝心なのです。

押しつけがましい親、友人、上司、同僚の場合は、あなたが日常的に作用を受ける人ばかりです。この場合の押しつけがましさは、今も日々、強化されていくと考えていいでしょう。こういう関係こそ、本書の第3章で解説しているサブリミナル・バウンダリーを通じて、バウンダリー・トークの基本を守って会話し、シャットダウンしぐさなどを通じて、ゆっくり距離を空けていきましょう。

愚痴ばかりの人

たとえば満員電車に乗って、「なんでこんなに混んでいるんだ」と言う人って多いと思います。私もついつい言ってしまうセリフですが、でもよく考えてみれば、自分もその車両を満員にしている一要因ですね。

考察

このように愚痴というのは、自分が状況に与えてしまっている作用は顧みず、環境の不備や状況のせいにしてしまう心理から生じる言動です。愚痴ばかり言う人というのは、その傾向がより強く、自分が特別扱いされない状況に我慢ができなかったり、自分がいかに被害者かを訴える心理が強い人と言えるでしょう。

愚痴を言いたい人と本気でつき合おうとすれば、これはもうカウンセリングや心理療法の領域です。背景にある被害者心理の読み解き＝そこには育った環境や両親の育て方、これまでの友人たちとの言語空間、あるいはトラウマ的な体験などが絡んでくるでしょう。

「なぜこの人は愚痴ばかり言うのだろう」「もっとポジティブに考えればいいのに」とアドバイスをしたくなる気持ちはわかるのですが、中途半端に関わると、ことはもっとややこしくなります。愚痴を言う人は、その観念で長年、生きてきているので、その場で簡単に考え方を変えられるほど柔軟ではないからです。だからポジティブなアドバイスをすればするほど、相手は、自分の意見が否定された、あの人はしょせんわかってくれないと感じて、愚痴の材料が増えることになってしまいます。

対応法

まず、心理療法並みに、その人と1年でも2年でもお互いの成長のためにつき合うと決めて臨むか、いやいやそこまでは思わない、あまり相手の愚痴に巻き込まれないように適度な距離でつき合うか、どちらかをはっきり決めてから関わったほうがよいです。後者なら、中途半端なアドバイスは決してしないことです。

愚痴をまじめに聞いていると、ミラーニューロンを通じて、こちらもその否定的な観念に感染していきます。場合によっては体調が悪くなってしまうこともあるでしょう。

後者の場合は、2章42ページで触れたように、意図的にタイミングをずらして、その人となるべく場を共有しないように心がけましょう。

愚痴は、その場を磁石のように固定する作用があります。いわば、換気のない密室でよどんだ空気を吸い続けることになります。もし愚痴を言う人と話をしなければならない状況になってしまったなら、聞くのは最初の5分だけと決めましょう。その後は、スマホの着信に目を向けたり、そばを通る人に挨拶するなど、積極的に〝人的換気〟を試み、その場の風通しをよくして、その場を離れる機会を探りましょう。決して「まじめに聞くことがよいことだ」と思わないこと。相手より、自分の健康を大切にしましょう。

嫌味な人

「嫌味」というくらいですから、苦味とか酸味とか、言われたことがじんわり口の中に残る感じでしょうか。

嫌味な上司：「きみ、何年この職場にいるの?」「きみはいいね、早く帰れて」
嫌味な部下：「教え方に問題あるんじゃないですか?」
嫌味な（パソコン得意な）同僚や後輩：「それ、基本ですけどね」「えー、そこっすか?」
嫌味な姑：「私たちの頃は常識だったけどね」「あら、また同じ料理ね」
嫌味な夫：「いいな、家事だけやってればいいんだから」「○○とこの奥さんは誰の手も借りずに3人育てたらしいよ」

嫌味なママ友：「仕事って、正社員？　パート？」「そんなの子供がかわいそう」
嫌味な保育士：「やっとお母さん来たね、さみしかったよね」

考察

嫌味＝たいていは余計なひと言です。相手がつい言ってしまうこの嫌味なひと言の原因のひとつは、「いいね、お気楽で」「楽しようとしてない？」「私はちゃんとできてるのに、あなたはできてない」「あなたはもっとがまんや努力をするべきだ」……など。ひっくり返して言えば、そう言っている人の「私はちゃんと努力してきたし、耐えている」というアピールです。

対応法

この場合は、「すごいですね」と相手を褒めることがもっとも有効なのですが、これは自分との戦いになります。嫌味に感じるくらいですから、相手の発言が嫌なん

です。もっと言えば、その人のことを嫌いなんです。この自覚からはじめましょう。

嫌いな人や嫌いな価値観を持っている人と仲良くするのは抵抗が生じるでしょう。できれば会いたくないし、会う頻度を下げたい。でも、職場の人やどうしても会わざるを得ないママ友だったら、ここは逆に、一歩相手の内側に入って関係をつくるのが、嫌味を継続させない方法です。嫌味を言う人ほど褒められることに慣れていませんから、褒めてくれる相手には心を開いて逆にあなたの味方になってくれる可能性が高いのです。

上から目線で話す人

上から目線ですから、その人の発言は、相手より自分のほうが上だとアピールしたい発言です。しかし、上から目線発言には、状況と立場によって、図らずもそうなってしまう微妙なものもあります。たとえば「かわいそう」……貧困の国、病気の人、過酷な生まれでつらい幼少期を過ごした人には、安全圏にいる人からの憐れみの言葉になってしまう場合があるので要注意。

「やり手ですね」……もしあなたが職場で〝新人〟からこう言われたらどうでしょう。なんであなたにそんなことを……と思いますよね。

「そんなに甘くはないよ」「私もそうだった」……これはわかりやすい発言ですね。あなたより私は経験豊富なんだ、というアピールになっています。

考察

よい悪いではなく、現代人の思考の特徴は、誰もが、「自分が一番世の中をよく見ている」と潜在的に自負している点です。潜在的なので、そうと気づいていないまま発言してしまうことが多いものですが、ですから逆に、そうした自分の心理にちゃんと気づいて認めることができている人は、「上から目線発言」はしません。

前章で、「自分の心を支配できぬ者に限って、とかく他人の意思を支配したがるものだ」というゲーテの言葉を引用しましたが、まさしくこの言葉通りです。上から目線発言をしている人は、自分がどれだけわかっているかアピールをしなければならないほど、自分のココロが見えていないという矛盾を抱えているわけです。

また、こちら側の問題として見るならば、本当に立場が上の人、人間性が自分より上だと思える人には、「上から目線」を感じたりしません。上から目線発言を感じてしまう相手というのは、立場が下か同等か、そんなにたいした人間でもないのに、とこちらが思っている人なのです。

対応法

この場合は、シャークケージ（46ページ）を使いましょう。自分の上から目線発言に気づかない人には、この方法はとても効果的です。

はり合ってくる人

競争心を燃やしてライバル意識で向かってくる人、あからさまではないにしろ何かと比較してくる人、こっちがはじめた話を自分の話に持っていく人……。たとえば、友人数人でランチをしている時に、「この夏休みにハワイに行く予定なんだけど」と話をはじめたとたん、「ああハワイね、私も何度も行ったなぁ、私は今年はセブ島に行く予定なんだけど」と話を奪っていく人です。

考察

「私も」「私は」「私の場合」などの頻度が多い人を「私症候群」と呼んでいますが、

はり合ってくる人の中には、どんな場所でも話の中心にいたいという人がいます。この場合は、あなたに対してはり合ってくるというよりも、常に自分が一番でありたいという欲求を抑えられない性格で、誰に対してもはり合っているように見えます。

一方で、あなたを意識して、あなたのすることを真似したり、やり方を真似したり、同じことをしようとしたりして、わざわざあなたのフィールドに分け入ってきて自分をアピールしてくる人もいます。

対応法

前者の「私症候群」の人の場合、ある種のショック療法が必要かもしれません。とうてい自分がかなわないというような社会的に地位の高い肩書きのある人か、圧倒的な存在感のある人に会って、自分の小ささと謙虚さを学ぶ機会を持つしかありません。そういう人を紹介できるチャンスがあればよいのですが、そうもいかない場合は、どんな人を尊敬しているかとか、あこがれの人、ファンになっている芸能人や作家のことを聞き出してみるとよいでしょう。もしもその世界観を共有できるなら、そ

の話題を中心に会話すれば、あなたに対してはり合うことは少なくなるでしょう。

後者の場合は、あなたがターゲットになっています。つまり、あなたに一目置いているわけですから、一度、2人だけでゆっくり話す機会が持ち、あなたの夢や理想、目標について話をすることができたら、意外とあなたの強力な理解者になってくれる可能性があります。あなた自身を目標（ターゲット）にさせておくのではなく、あなたの「目指すところ」を相手に教え、ターゲットを置き換えるのです。それではり合ってくることはなくなります。

悲観的で心配ばかりしている人

悲観的で心配ばかりしている人は、「愚痴ばかり言う人」とマイナス面でのエネルギーは似ていますが、愚痴ばかりの人が、社会や状況や他人のせいにばかりするのに対し、こちらは自信のなさを主張したり、自分を責める言い方が多く、「どうせ」「でも」「だって」の「3D用語」が頻出します。

考察

悲観的で心配ばかりしている人は、ある意味では冷静に状況を見る力があります。
というのも、幼少期のある時期に、非常に感情的な人と接して育っていることが多く、相手の行動によっていつ何どき、こちらにマイナスなことが降りかかって来るかもしれないという気持ちで過ごしたことがあるからです。

感情の起伏の激しい母親、突発的に激しく怒り出す父親のもとで育っていたりすれば、「人の感情や言動は不意に起こり、どのような危機に見舞われるかわからない」という観念が染みついてしまいます。物事の成り行きや人の気持ちを信じられないのは、ポジティブに期待してもそれを裏切られる痛みを、幼少期に身につけてしまったからです。しかも、幼少の頃は親を嫌いになることができないので、「悪いのは自分のせいだ」と思い込み、その思いが自信のなさや自分を責めることにつながっています。

愚痴ばかり言う人と同じように、中途半端に関わると、これもややこしくなります。

この人は、悲観的に心配ばかりすることで、最悪の事態を想定し、それ以上は悪くはならないというところまでをイメージしないと、自分のココロの不安をぬぐえないのです。逆に、不安や心配を口にすることで、ココロの安定を保っているわけです。

対応法

悲観的で心配ばかりしている人とつき合おうとする際には、その人をポジティブシンキングに変えてやろうなどという野心は捨て去ることです。この人がほしいのは積極的思考などではなく、安心感なのです。自分がどれだけ不安や心配を口にしても「大丈夫だよ」と朗らかに優しく受け止めてくれる人を望んでいるのであり、決して、自らポジティブになりたいとは思ってはいないのです。

最初に「ある意味では冷静に、状況を見る力がある」と書きましたが、悲観的で心配ばかりしている人は、細かいことを丁寧に行なう資質があります。「でも」「どうせ」「だって」とは言いながら、努力を完全に放棄しているわけではなく、むしろあることに関しては、完璧主義くらいに丁寧にやらねば気が済まないほどです。それは掃除かもしれないし、家計簿かもしれないし、コレクションかもしれないし、食生活かもしれませんが、その領域を接点に、そこは褒め称えるように、「すごいね！」と言ってつき合うことです。丁寧にしているところを褒めまくり、それを続けることで、その人の自尊感情を育て、その人の安心できる居場所をつくっていくのです。

イライラを伝染させる人

いかにも不機嫌でイライラを顔に出している人に、「怒ってますか？」と聞こうものなら「何！　怒ってないよ！」と怒号が帰ってきます。明らかに怒っています。けれど、本人は自分が怒っていることに気づきません。お酒を飲んで酔っ払っている人が「いや～全然酔っ払ってないから～」というのと似ています。

考察

イライラしやすい人の潜在的な欲求は、人より優位に立ちたいと思っていたり、損をしたくないと思っていたり、また運気を下げたくないという観念に縛られていたり、邪魔をされたくない……つまり、相手や状況が自分にとってスムーズにいかないことが許せないと感じる人です。自分を尊重してほしいという思いが強過ぎるために、たとえそれがレジの順番であっても、信号待ちであっても、エレベーターが来るタイミングであってさえ、イライラが発動します。お店の店員の対応には人一倍、敏感ですし、お気に入りのプロ野球チームやサッカーチームが負けていても機嫌が悪くなり、いったいどこに地雷が埋まっているかわかりません。

要は、自分を粗末に扱うような状況が許せないという意味で、たいへん自意識過剰な人が多いです。

対応法

イライラしやすい人は、かつてイライラ感情の中でどっぷりつかって育ったか、「早くしなければならない、負けてはならない」という観念の中に長く身を置いたせいかでイライラの感度が高くなっているのです。「遅れをとる」ということに敏感で、しかし、そういう人は逆に、尊重されると非常に素直になります。特別扱いや丁寧な

物言いに対しても感度が高いからです。
イライラしやすい人と上手につき合うためにはあまり深入りはせず、敬意の念を持って適度な距離でおつき合いすることです。「おはようございます」などとあいさつをしっかり交わしたり、相手が少し大変そうな時（もちろん顔にイライラが表われている）など周囲が敬遠している時にこそ、進んで手伝ったりすると、相手からの印象はぐーんと上がります。イライラしやすい人は意外に人情派なのでやさしさにとても敏感なのです。

ケース・スタディ1

上司の頻繁なアドバイスで時間を取られる

次に、具体的なお悩みにお答えしながら、実際にどういうふうなバウンダリーの引き直しができるのかを質疑応答形式でお答えしていきたいと思います。会話の後に私の考察を説明していきますね。

―ジュンコさんの人間関係のお悩みというのは、何でしょうか?

会社の上司が、仕事中に「今、何してんの?」ってよく聞いてくるんです。

―仕事中に「今、何してるの?」と。なるほど。

「何してる?」って聞いてくるので、仕事の内容を答えると「ああ、それはこうしたほうがいい」「ああしたほうがいい」とか。

―へえ。「何してるの？」って聞いた上で、それに答えると、それはどうしたらいいと指導が入る？

そうです。私は「どうしたらいいんでしょうね」とか「困ってるんですよ」とかそういうことは一切言ってないにもかかわらず、話してきて、それにすごく時間を取られてしまいます。

―それに時間を取られるんですね。頼んでもいないのにアドバイスしてくるっていう、端的に言うとそれでいいですか。

そうですね。はい。

―なるほどね。頼んでいれば、ありがたく受け入れるんだけど、頼んでもいない。なのに、「それはこうしたらいい」ってアドバイスがくるんですね。

はい。

―これは何歳ぐらいの方でしょう？　男性？　女性？

男性です。

―男性。

年齢は50代半ばぐらい。

―半ばぐらい。そうか。これ、いつぐらいからはじまったんでしょう。

それは今の会社に入ってからずっとっていう感じなので、もう……。

―ずっとなんですか。会社に入ってから。

「もともとそんな感じだよ」って、周りの人は言うんですが。

―もともとこういう人？　じゃあ、部署のほかの人にもそういう指導を入れるんですか。

いいえ。私が多いです。

―なるほど。部署には何人ぐらいいるんですか。

10人ぐらいです。

―10人ぐらい。10人の中でもあなたにやっぱり言ってくることが多いんですか。

そうですね。

―この会社に入ったのは何年前ですか？

10年前です。

―10年間、ずっとあなたに？　部署に10人いて、男女の割合ってどれぐらいでしょう？

4人と6人です。男の人が多いです。

—女性が4、男性が6でそのうちひとりが男性の上司なんですね。

はい。

—そうか。なるほどね。ひとしきり指導が続いちゃう時は、どんな気分になります?

面倒くさいです。

—おお、面倒……。そのアドバイスは面倒くさいと。一応、態度には出すんですか。

出してるつもりですけど、伝わってないのかな。

—10年間、伝わってませんよ、それ。

そうですね。全然伝わってない。

—出してるつもりなんだけど、伝わってないと。でも、わかるくらいにはっきり言わないのは、やはり相手を傷つけちゃったら申し訳ないなっていう気持ちですか?

そうですね。

—それは伝わってないですね。変わんないわけですよね。

変わんない。

—ああ、もしかしたら、あなたに対して好意があるとか、そういうのもあるんでしょうか。

えっ？

—そう、相手の。50代半ばのその男性の。

私に対してですか。そ、そういう感じじゃないと思います。

—そういう感じじゃない。

はい。

—では、どうしてこの人はそういうふうに関わってくるんだと思います？　あなたに対して。

暇なんじゃないかな。

—暇だから？　仕事中ですよね。

そうですね。

—暇だったら、全員に関わるということになるでしょうけど。

そ、そうですね……。

—他の人はもうスルーする術を心得ているんですか？

最初から聞かないんでしょうかね。

――聞かないんですね。じゃあ、あなたはやはり優しいんですね。「暇だから」っていうのはちょっと厳しい言葉だけど、一応、聞いてあげる。「面倒くさい」中でも聞いてあげるってことは、上司にとって、やっぱりこの人は聞いてくれるっていう、あなたは安心できる相手なのかもしれないですね。

そ、そうですか。

――でも、そこはやっぱり厳しく、何ていうかな、「それもう、これ以上、無理です」っていうふうにするか、このまま「まあ、いっか」と続けるか。バウンダリーポイントはここですね。

このままは、嫌ですね。

――嫌。嫌な理由は、一番は何ですか。

時間を取られます。

――時間を取られちゃうと、やっぱり仕事が進まない？

そうです。仕事が進まなくなる。

――「そのアドバイス、時間を取られてるんです」って言うのは可能ですか。上司としては、逆に自分がアドバイスしたことによって、仕事が進んでるっていうふうに思っているんでしょうかね？

それ、聞いたことありません。

—そろそろ聞いたほうがいいですね。

そ、そうですね。

—具体的にもし言ったとしますよね。「もう結構です」と。そう言ったとしたら、何が起こります？

何が起こりますか、ですか？　うーん、この上司が気分を悪くする。

—もし嫌と言ったらば、気分を悪くする。他に何かあります？

あとは他の人に。

—もしかしたら飛び火が？

そうですね。

—今は、あなたが相手してあげているって言ったら失礼だけど、してるから、他にはいかず、この人も治まっているということですか。

そうですね。

—この人に仕事はないんですか。

いや、あると思います。やっぱり会社ですから。

—じゃあ、この人が本来の仕事をできるように、ちょっと毅然と伝えてみましょう。「もう私、いいです」「もうわかってます」って、シャークケージ方式です。ちょっとイラっとした雰囲気を演出し、「私、怒りました」「もうこれ以上言われると、私、自分の仕事が進まないし、もう何度も言われていることなので、結構です」と。それで相手は気分を悪くするかもしれないし、その後、ちょっと冷たく当たられるかも。そうなったとしても、別にいいわと思えますか？

いいわと思います。

—じゃあ、1回やってみましょう。あなたのような上手に聞く人がいてくれるので、上司としては、自分が上司としている存在価値を、あなたが保たせているのかもしれない。この人はアドバイスをすることによって、私は仕事をやっていると。それは錯覚なんだけど。だから「その錯覚は幻想です」と、あなたは引導を渡す役になるんですが、これはできますか。

はい。でも、いきなりは少し難しいです。

—では、ステップでバウンダリーを入れていきましょう。なんとなく近づいてきた瞬間ってわかるでしょ。来た瞬間に、ちょっとこう肩を入れて、見えない境界線をつくります。肩越しからシャットアウトするみたいな感じです。アドバイスを受けつつも、ボディーランゲージでは「もういいです」と伝えます。

あ、はい。

—何度目かには、近づいてきた時に相手にはっきりわかるように席を立つ。

そこまで？

—はい。これを何回か繰り返していると、相手も「あれ？」と思って、なぜかを確認したくなる。その時点で毅然と「もうアドバイスは大丈夫です。私、自分の判断でできます」と。上司には、最初あなたが入社してきた時、しっかりと真剣に聞こうとしたっていう印象が残ってるので、この子には有効に自分のアドバイスが作用したっていう成功例になってるわけですね。でも、「それは10年たって変わっています」と意思表示をするのが、もうこれは、その部署のためにも必要なことかもしれません。そんな気持ちでトライしてください。

はい、わかりました。やってみます。ありがとうございます。

ケース・スタディ1の考察

相談者のジュンコさんは36歳。10年前に転職してこの会社に入社しました。このケースのポイントは、会話の最初に見出されます。その部署には何人いますか？ との私の問いに「10人ぐらい」と答えている点です。その後の問いで4人の女性と6人の男性というふうに数がはっきりしているにもかかわらず、「10人ぐらい」と答えている背景には、何らかの深層心理が隠されています。おそらくは、この部署のチームとしての結束力の弱さをジュンコさんは感じ取っているのでしょう。あまりよい雰囲気ではない。できれば新しい人との入れ替えで人事の風が吹いてほしいと感じているので、「10人」とは言わず、「10人ぐらい」という言い回しになっているのです。

私がこの相談で、毅然と上司に自分の気持ちを伝えることを奨めたのはこの点からです。目に前の上司との関係は、おそらく部署全体の人間関係を変え、会社の人事のあり方に何らかの作用を及ぼすでしょう。一対一で考えると、その後のことが気になり、躊躇してしまうことも、その2人を含む全体の人間関係を想定したら、勇気を持って行動できることがあります。バウンダリーを引くには、こうした自分なりにつくる「勇気の大義名分」が必要なのです。

ケース・スタディ2

一方的に長話をする友人との関係性を変えたい

――今、マリさんの人間関係で、ちょっと大変とか、少し変えたいなっていうものは何かありますか。

ありますす。お友達なんですけれど、話の長い方がいて。

――ああ、話が長い。

短くても2時間。

――ええ？　ちょっと待ってください。短くて2時間。じゃあ長いとどれくらい？

5～6時間ですかね。

――5～6時間もよくつき合いますね。

同い年の友達ではなくて、少し目上の方なので。仲よくさせていただいてるんですけど、年齢が上ですし、あまりそう邪険には……。

——邪険にできない。これは女性なんですね？

女性です。

——女性で年上、と。

はい。

——職場での関係とか？

そうです。

——どこで、どういう知り合いになったんですか。

知人の紹介で知り合いまして、趣味が一緒だったり、あと、好みが似てまして、だいたい月に1回、お会いするような感じなんですけど、それでお会いすると、最初から最後までその方のお話が多くて。

——話が長い、と。

はい。でもその方、すごくすてきな方で、私もお話をお伺いして楽しいし、あといろいろ人生経験もあって、学べるからいいんですけど、でも、やはりちょっと長いなっていうのがあって。

――ポイントはここですね。話が長いのをどう切り上げたらいいかなということですね。

そうです。

――でも、年上だし、趣味も好みも合って、すてきではある。

そうです。

――ただ、長い。関係を切りたいわけじゃなくて。

そうですね。関係は今までどおり友好に保ちたいんですけれど、長い時は5〜6時間、ずっと一緒にいるので、何とかうまく自分の話もしつつ「じゃあ、これで」って帰れるようになったらいいなと。

――いま、お互いが話す割合はどれくらいですか？

だいたい、私の話、5分ぐらいでしょうか。

――5分対5〜6時間ですね。

そうです。

――なるほど。ちょっと、できればもう少しキャッチボールがしたいと。

はい。

――そのキャッチボールをどういうふうにするかの方法ってことですね。根本的な質問で申し訳ないけど、その方の話、なぜ長いんだと思います？

その方も、自分のことを話したいんだろうなと思います。

―自分のことを。

お話の中身が全部そうなんです。この1ヶ月に起きた自分の身の回りのことだったり。「こんなことがあってね、あんなことがあってね」って。私もそこからいろいろ学ぶことも多く、ふんふんとは聞いているんですけど、でも、長いなって。

―なるほど、わかりました。年上って、何歳年上かわかりますか。

6歳ぐらい。

―6歳ぐらいか。ちょっと先輩な感じですね。

そうです。

―趣味も好みも似ていて、家庭環境もですか？

家庭環境は、私はまだ独身なんですけれど、こういうふうに結婚して、お子さんがいるといいなって、私の理想の家庭です。

―そうか。どちらかというと、やはり尊敬していて、関係を友好的に続けたいほうが強いんですね。

そうです。

―関係が大変だっていうよりは、上手につき合いたいっていうことですね。

そうですね。本当にそうです。

―そうなると、相づちの打ち方や話の切り上げ方の工夫がポイントですね。どうしてこの人はあなたのこと、気に入ってくれているんでしょうね。

話を聞いてくれるから。あと、よく言われるのが「信頼してるから、あなたにだけ話すんだけどね」って言ってくださるので……。

―なるほど。あなたが口が堅いのを信じていると。

そういうふうに思ってくださってるからかなって。

―信頼できる人と思われているんですね。

そうですね。

―その信頼、やっぱり裏切りたくないし、聞き上手だっていうこともあなたのいいところだと思います。でも、ポイントはここ。聞き上手過ぎるところが相手の話を加速させてしまうんですね。

はあ。

——相手はあなたのモデルになるようなすてきな人だから、相手もあなたのココロがよくわかると思うんですよね。だからちょっと微妙な表情とか、うなずき方が変わっただけでわかってくれると思うんです。「あ、今日はちょっと違うのかな」と。

うーん。笑顔で聞かないってことですか。

——あ、やっぱり笑顔で聞いてますか。笑顔はそのままでいいですよ。でも、きっとふんふんって目がキラキラしちゃっているでしょうから、その聞き方や絶妙な相づちの打ち方で、向こうはもう喜んで聞いてくれてるもんだと思って、加速しちゃうんですね。

なるほど。そうかもしれません。

——だから逆に、相づちとか目線とかに少し工夫を加えて、相手を傷つけないように、話が長いというその一点だけ変えていきましょう。まず少し目を合わせる。目を合わせておいて、ちらっと出口を見るとか、ちらっと時計を見るとか、ちゃんと興味を持っているっていう尊重は伝えつつ、時間の切り替えですよっていう時に目線を使うんです。

時計を見たりすると、失礼になるんじゃないかなと思いまして。

―ああ、基本はそう思いますよね。でも、そこですね。これは失礼なことになる可能性があるけど、その代わり5〜6時間、ずっと聞くか。どっちかを自分で選択するかというバウンダリーの話になります。

うーん。そうですか。そうですよね。

―上手に出口をちらりと見るのは無意識へのメッセージなので、「そろそろ終わりですよ」という目線を何回かやることで、5〜6時間を4時間半に、次は3時間くらいに、最終的には1時間半くらいに。今は、ひとつの長い話題が終わって、もうひと話題とかあるでしょう？

あります。

―その手前の段階で切り上げる。そのタイミングで「ありがとう。楽しかったです」という印象が残るように終わらせる。「私にも私の時間があるんです」っていう無意識へのメッセージを、タイミングを計って伝えていきましょう。同じ話が6時間続くことはないので、いくつかの盛り上がりのひとつが終息したところで、ちょっと目配せとか、言葉遣いで変えていくんです。

さっき、出口をちらって見るっておっしゃったんですけど、ちょっと初級過ぎる質問で恐縮なんですが、出口が自分の真後ろだったらどうしたらいいでしょう?

――座り方ですね。上座とか気にするタイプですか。

あ、だいたい、カフェだったり、ホテルのラウンジだったりするので、あまり上座とかは……。

――なるほど、つまり、座る位置がだいたい決まっているということですね。じゃあ、そこはもう、いつもと違う席を「こっちに座りましょう」っていうふうに持っていく。

はあ、なるほど。

――人間関係は、ある意味パターン化するので、同じ席に座って、同じ時間帯からはじめちゃうと、5~6時間コースって、もうお互いに暗黙の了解になっちゃうわけですね。だから、そのパターンを逆利用して変化を加えていきます。

はい。

――「今日は、こっちに座りましょう」「あっちに座りましょう」って、自分が出口のほうを見ても大丈夫な位置を何回かのうちに持っていくようにしてください。

わかりました。

――出口ばかりにこだわることはないですよ。大事なのは長話になる手前のタイミングを見極めることです。人間って、盛り上がりは右側なんですよね。ふだんから「右肩上がり」というサブリミナルを入れられていますから。だから相手から見る場合、あなたの左側を上手に使う。左上から左側の下に視線を落とすとか。このように目線を変えるだけでも少し空気が変わります。

へえ。

―大事な方なので、失礼にならないように、「あなたのことを尊敬しているし、これからも関係は壊したくない」っていう思いはあるんですね。けれど、ここが重要な点ですが、あなたが最初に6歳上の先輩にもかかわらず「お友達」と言うところからはじめたところにヒントがあります。今の関係は、ある程度、上下関係が決まっちゃっていますが、あなたをあなたとして、もっと尊重してもらいたい。単なる聞き役ではなくて、こちらの話をちゃんと聞いてもらえるような関係にしたい。

あ……。はい、そうかもしれません。

―そういう関係にするには、あなたがあなた自身を規定してしまっている「聞き役」というポジションから、「私はあなたから聞いて、こんなふうに思った」とか「それで聞いたことを私も実生活でやってみて、こんなことがあった」とかいう会話に切り替えられるようにするといいですよね。そのためには、いつものパターンから脱却する。先ほど言ったように座る席を変えるとか、「すごくすてきなお店、見つけたんで、そっち行きましょうよ」と場所自体を変えてみる。

ああ。なるほど。

―あなたはピンク色、好きですか。

はい。なぜわかるんですか？　今日は違いますが、最近、よく着ます。

―この人といる時は？

えっと、紺系が多いです。紺とか黒が多い。

―紺とか黒とかはもう、「聞きます」みたいな色ですね。

そうですか。

―そこもパターン脱却のポイントですね。ピンク色っていうのは、相手に対して甘えたい欲求とか、女性としての「私の個性」を表わします。もし関係を対等にしていきたいなら、緑とかブルーで、「会話として対等ですよ」と色合いでアピールしてみましょう。いずれにしても「ひとりの大人として見てね」ということです。「いい関係の大人として、お互いがコミュニケーションを取りたいわ」と。

そうなるといいなぁ。

—いまの関係性を変えたい時には、「あなたのおかげで、私も少しずつステップアップしてます」というような感じで成長ぶりを見せるという方法もあります。服の色以外にも、メイクの仕方を変えるとか、髪型を変えるとか。それを話題にコミュニケーションの内容を変えていく。もしそれに気づいてくれなかったり、大いに変わってるのに「どうしたの？」と話題を振ってこなければ、この人は自分のことをただの聞き役として見ているのかもしれないと見極めて、ちょっと距離を空けてもいいんじゃないかと思いますね。だから、こっちから変化球をいくつか投げてみるっていうことは、ぜひやってみてほしいですね。

いつも「今日はもう帰らなくて大丈夫なんですか」みたいな聞き方をしてたんですけど、それだといつもあちらが「大丈夫、大丈夫」っていう感じになっちゃって。

—その質問は主導権が相手にありますね。「こっちにもこの後、予定があります」とか「今日は何時までだったら大丈夫です」という雰囲気にどう持って行けるか。でも、言葉は丁寧に「今日も楽しかった」で最後は終わらせる形でやる。変化をもたらす刺激のポイントはたくさんあると思いますね。

ちょっと変えてみます。
—また報告、お待ちしております。
ありがとうございます！

ケース・スタディ2の考察

相談者マリさんは26歳女性、独身。学歴や仕事の能力は高く、そのあたりのプライドも持っています。しかし、人生経験という意味では、まだまだわからないことが多く、ワーク・ライフバランスを考える年齢になった頃、自分の理想とする女性が「友達」として目の前に現われました。Aさんは32歳。結婚して子供もいるし、その基盤の上で仕事もして世の中を見ている。Aさんは、マリさんから見えない視点を持っているので、そこが楽しくて、ついつい話を聞いてしまいます。

大切なポイントは、Aさんの話の長さというよりは、マリさん自身の心のよりどころの変化です。マリさんは仕事においては能力を発揮できる人でしょう。6歳上の人を「お友達」と位置づけたいところからそれが垣間見えます。マリさんにとっては、今、基盤を仕事に置いて家庭を築くか、Aさんのように、仕事に全力を注ぐのではなく、家庭を優先する暮らしをするか、自分への問いかけがあるのだと思います。きっとその答えが出る頃、マリさんとAさんの距離感はほどよいものになっていることでしょう。

ケース・スタディ3

ママ友から詮索されるのが苦痛

―ヒトミさんは、今、Tさんとの関係を変えたいのですね。

はい。

―このTさんは女性ですか。男性ですか。

女性です。

―女性。うん。何歳ぐらいかわかりますか？

30代だと思います。

―30代だと思う？　どういう関係ですか。

娘の幼稚園の同じクラスのお母さんです。

―幼稚園の。

はい。同じ幼稚園で、同じクラスで。

――いわゆるママ友ということですね。幼稚園でヒトミさんの娘さんと、Tさんとこの娘さんが仲よしという。

はい、子供同士はすごく仲よしです。

――微妙な言い方ですね。「子供同士は」仲がいいということで、ではこのママ友のTさんは、何が少し問題なのでしょう。

子供を幼稚園まで送りに行きます。そうすると、そこでTさんに会うことが多いんですけれども。

――ああ、同じ時間帯になるんですね。

はい。「今日これから時間ある？」と。

――ああ、そうか。「今日これから時間ある？」とお誘いを？

はい、「ちょっとお茶しに行かない？」とか「ご飯食べに行かない？」とか。

――で、応じるわけですか？

応じる時もあります。

――応じる何％で、応じない何％でしょう？

今は75%、応じてますかね。

―75%。じゃあ、4回に3回は行くわけですね。結構大変ですね、それは。

はい。

―では、25%は「ちょっと用事が」みたいな形でお断りするのですか？

はい、なんとか無理やり。

―おお、無理やり。でも、4回のうち3回、応じて行っちゃうというのは、結構な率ですよね。

はい。

―毎日顔を合わせる可能性ありますもんね。

はい。なので、断りにくいのです。

―でも、行ったとして楽しくランチやお茶ができたら、別にOKですよね。

はい。

―じゃないんですか。

じゃないです。

―ランチに行くと、どういうことが起こっちゃうんですか。

とにかく人の話、プライベートな話を聞いてきます。

―プライベートな話を聞いてくる？

はい。

―たとえば？

たとえば「おたくの旦那さんって、どこの会社に勤めてるの？」

―あら。「どこに勤めてるの？」ですか。

うちの場合は、普通の中小企業ですって言ってます。会社名は出しません。

―なるほど。会社名なしで。うーん、Tさんはどうして聞いてくるんでしょうね、そんなこと。

そういうのを知りたいみたいです。

―個人情報を？

はい。

―それをほかに言っちゃったりすることがあるんですか？

今のところそれはないんですけれども、いろんなおうちの旦那さんがどこにお勤めになってるか、とかを知りたいみたいです。

――いろいろ事情を収集して、把握しておきたいってことでしょうか。うん。何で知りたいんだと思います?

わかりません。

――Tさんは、ヒトミさん以外にもいろんな人を誘っては話を聞くってことですか?

それがあんまりないんです。

――あんまりない。そうか。何であなたに聞いてくるんでしょう。なんとかぼやかして答えるバウンダリーを引いているのに、どうして誘ってくるんだろうと思いますか?

私のことだけじゃなくて、ほかのお子さんのおうちのことも私を通して聞きたがってくる時があるんです。

――ああ、なるほど。そうか、ヒトミさんはいろいろ知ってると思われているんですね。で、もう1回聞きますけど、何でそこまでして聞きたいんでしょう、Tさんは?

趣味みたいに見えるんですけど。

――趣味? 趣味でいろいろ人の話を聞く?

と言って、何か自分家の自慢をするわけでもないので、自分のことはほとんど話さないので。

――自分のことは言わない。

はい。

――相手の、Tさんの立場に立ってみると、どうでしょう？　不安なんでしょうかね。自分が取り残されないようにとか、恥ずかしい状況にならないようにとか、知ってることで自分が安心したいとか、決して悪用するつもりもなさそうなわけですよね。

はい。

――なら、もうある意味、そろそろ断る時期かもしれないですね。

はい。75％応じているところを、25％応じるに持っていきたいです。

――逆転させたいわけですね。

はい。

――でも、このお誘いの回数はTさんの不安の表われだし、話からするとヒトミさんのことを信頼しているわけですね、彼女は。これは回数を減らす前に、Tさんの不安を解消してあげるようなつき合い方をしてあげたら、もっと質のよいバウンダリーが引けるかもしれないですね。

「質」ですか？

—情報が欲しいんじゃなくて、安心したい。ならば、少しTさんが安心できるような会話にもっていくとか。今の関係性は、なんだか「根掘り葉掘り情報を探られる」という感じになっちゃってますけど、そうじゃなくて、「不安に思わなくて大丈夫だからね」というふうにサポートしてあげる関係に変えていけたら、Tさんもそんなに誘ってこなくても済むし、ほんとに不安な時だけ「ちょっと話聞いてくれる？」というよい関係をつくれるかもしれないですよね。

不安を解消するには具体的にどんな会話にしたらいいですか。

—これはまず、何が悩みなのかな？ と。

こっちから聞くわけですか。

—そう。「何か不安なことがあるの？」って。「何もないよ」ということであれば、「じゃあ、どうしてそんなに聞くの？」と。

核心をついて？

—そう。「何で聞こうとするの？」という質問に、Tさんの頭はハタと止まっちゃうというか、「何でだろう？」って、あらためて自分の内側で考えはじめるはずなんです。そこは急かさず、まとまるまで待ってあげます。すると、本当の不安の話をしてくれるかもしれないですね。

はあ、なるほど。

―そうやって関係が変わってくると、じゃあ、それが理由で誘ってるんだというのがお互いの理解になってくるので、そこからは、あんまり誘ってこなくなるか、誘われても合理的に断れる関係に変わってくるはずなんですね。

ほう。

―だから、まずは表面的には現われていないけど、深層的には相手に不安があるということですね。それを解消していく関係性にどういうふうに変えていくかってことに、チャレンジしてほしいと思います。

はい。わかりました。意識してみます。

ケース・スタディ3の考察

人間関係には、表面には現われない深層力学が常に働いていています。表面的な言葉だけを材料に、一見正しい関係性を取り決めたとしても、のちのちトラブルが起こってしまうことは多いものです。このケースでは、Tさん本人が気づいていない自分の気持ちがポイントです。「情報を集めたい」という不安は、Tさん自身の感情。この感情にヒトミさんが巻き込まれ、バウンダリー・オーバーにつき合っているというのが今回の状況でした。「あなたの感情はあなたのものであって、私には別の感情があります」という姿勢をとることは、簡単ではありませんが、バウンダリー形成にはとても大事な視点になります。

ケース・スタディ4

父親との価値観の相違

親の価値観と私の価値観が違うんです。もちろん年代も育ってきた環境も違うのはわかっているんですが、そのずれを感じ取ると親のほうが不機嫌になって、「それは違うんじゃないのか」と意見されるので、その関係を改善していくにはどうしたらいいのかなと思っています。

—具体的にどんな場面でそういう価値観の相違を感じますか。

そうですね。たとえば働き方とかですね。

—働き方ですね。はい。

親の世代には「一度入った会社を転職するなんて」という考えがあるようで。

—なるほど。終身雇用というのがうまくいった時代ですもんね。その価値観の違いというのは、だいたいは両親ともですか？

そうですね。母親よりも父親のほうが強いようです。

―母親というよりも父親。お父さんが「昔はこうだった」と。そういうことで、意見衝突したこともあるんですか。

はい。

―なるほど、そこをどういうふうに変えていくかということですね。まあ、その世代の、お父さん世代の男性は特にそうなのかもしれませんが、自分の存在というのが軽んじられると困るみたいな思いがあって……。時代が変わっていくのはもちろんわかってるんだけども、お父さんもお父さんの時代にはがんばったんだみたいなことを、それをやっぱり娘にはわかってもらいたいというか、時代の流れの中でお父さんもさみしいのかもしれないという視点ですね。

え？　私にわかってほしい、ですか？

―そう、だからお父さんの存在は認めているよ、ということを十分伝えることですね。時代の違いに焦点を当てて何度もそれを説明するよりは、お父さんの時代はそうだったんだねと一つひとつ認めてあげるんです。「今は違うんだから」と強調して言っちゃうと、相手がなんだか時代遅れ扱いで、あなたの意見はもう役に立たないというふうに言われていると受け取ってしまうもので、よけいに強がってしまうんです。

あ、ああ、そういうところ、あります。

―お父さんの時代は、それがほんとにうまくいったんだねというような相づちの打ち方で、そして逆に、今、私はこういうことで悩んでいるというふうに悩みをお父さんに相談するように話をしてみることです。人は、求められていると思ったり、自分が相談に乗って少しでもアドバイスができていると思えたら、その人の味方になろうとします。お父さんも、本当は批判したいんじゃなくて味方になりたいんだ、というその気持ちを引き出していく関係性をこちらからつくっていくと、お父さんの態度はちょっと落ち着くかもしれませんね。

そういう視点はまったくありませんでした。

―そのような関わりを続ければ、衝突状態から少し融和してくる可能性はあります。あくまでもお父さんの出番をつくってあげるというか、そんなふうにちょっと関係性とコミュニケーションを変えてみるといいかなと思います。

わかりました。

ケース・スタディ4の考察

イライラを伝染させる人への対応法でも述べたように、このケースでは、敬意と尊重がカギとなります。バウンダリーには、相手が徐々に踏み込んでくるようなら、毅然とシャットアウトするタイミングをはかり、急に踏み込んできたなら、逆に相手の領域のほうに飛び込んでみるという対応法もあります。

価値観の相違による不機嫌に、こちらも不機嫌で対応してしまうと、相手の勢いがさらに強まってしまう場合があります。

親子といえども、時代の流れは容赦なくその価値観の相違を広げていきますが、このケースの場合、お父さんは、自分が大事に育ててきた娘だからこそ、表面的なことではなく、何を大事にすべきかの自分の芯の部分を共有したかったのでしょう。

ケース・スタディ5

本心と言動に食い違いのある姑

同居している姑のことで相談です。

—同居ですか……。今の時代、それだけでもう大変ですね。

そ、そうですか？　同居と言っても、2階がお父さんとお母さん、1階がうち夫婦で、いわゆる二世帯住宅なんです。

—なるほど。玄関はいっしょで生活のリズムは距離を保っていらっしゃるんですね。

はい、まあ。うちの姑はとても優しく理解はあるのですが、すごく気を遣わないといけないことがありまして。

—と言いますと？

お義母さんが、私が外出するのを逐一チェックしているようで、玄関で会う時は

「行ってらっしゃい」とにこやかに言って送り出してはくれるものの、ご近所には愚痴をこぼしているようなんです。

―それは誰に聞いたんですか？

誰にというか、ご近所のある方から、「いいわね、どこどこへ旅行に行かれたんだって」と声をかけられまして。

―なるほど。お姑さんがご近所に言わないとそれは伝わらないということですね。

そうです。でも、外出を反対されたことはないんです。夕食までに帰れないような時は、キッチンの予定表には書くようにしていますし。

―難しいですね。お母さんから直接非難をされるわけではないけど、なんとなく監視されているような感じですね。

はい……、気になるなら言ってくれたらいいんですけど。

―そうですね。同居といえど、お互いの生活には干渉しないでいましょう、という暗黙の了解を、お姑さんは一生懸命、守ろうとしているのかもしれないですね。

そうなんだろうと思います。でも、その我慢みたいなのが伝わってきて、こちらも息苦しくなると言いますか……。

——生活のためのルールみたいなことは話したことはあるのですか？

あります。でも、お母さんはお父さんの前では、ほとんどしゃべりませんから。本当の気持ちがあっても、なかなか言い出せないのでは……と。

——本当の気持ち？　それは何だと思われますか？

あ、やはり、昔ながらの女性は家にいて、男性の帰りを待ち、食事、洗濯、お風呂の用意を完璧にこなす、というような。

——それを言葉にして言われたことは？

ないです。

——陽子さんはそんな主婦になりたいのですか？

ええと、それは無理です。

——なるほど。では、陽子さんの旦那さんはなんと？

はい、主人には経済的に、何不自由なくさせてもらってますし、出かけたければいつでも出かけたらいいよ、と言ってくれます。なので、友人と食事にも行きますし、旅行にも出かけることができます。

——そうですか。

主人は、結婚したら働くのはやめて家にいてくれたらうれしいと言っていたので。私、働いていたんですが、やめまして。

——でも、家にずっといるのは、性に合わないわけですね。

はっきり言ってそうかもしれません。いえ、できれば、また働きたい。

——そこですね。お姑さんは、孫のことも、あなたの仕事のことも、一切口は出さないものの、陽子さん自身がプレッシャーに感じている。その家にいるとなんだか昔気質な空気の中に、自分が染まっていきそうで、反発したくなって外出するんですね。

たしかに、そうかもしれません。

——旦那さんは忙しいんですか。

はい。海外出張も多くて。

——家族でルールを話し合うのはとても大事なことです。ここは、お姑さんを連れ出して、2人でお食事などはできませんか?

ええっと、それは……。一緒に来てくれるかどうか……

——おそらくですが、お姑さんには、陽子さんのことが不可解に映っているんだと思うんですよ。主婦一筋で生きてきたお姑さんと、大きな企業で働いていたあなたと。気を遣いつつも、本音ではどうしても受け入れられない気持ちなのでは？

私、ど、どうすればいいでしょう？

―ここはオープンに、陽子さんの世界を見せてあげればいいんです。一緒に買い物に行ったり、食事に連れて出たり。

より嫌われないかしら。

―嫌われているかどうかはわかりませんよ。お義母さんには不可解に映っているだけです。人間関係には「投影の法則」というのが働き、あなたが嫌いな人には、あなたも嫌われているように見えます。

え、私のほうが？　お姑さんのことは、尊敬してますよ。

―でも、好きじゃないでしょ。

……。

―ゆっくりとでいいので、月に1回とか2回のペースで、お誘いしてみましょう。きっとお姑さんは最初は、気後れされるだろうけど、そのうち楽しんでくれるようになりますよ。そうやって、少しずつ接点を増やしていけば、きっとお姑さんのこと好きになれると思います。

はい、チャレンジしてみます。

ケース・スタディ5の考察

このケースは、非常にわかりにくい例ですが、ポイントは、お互いが「相手の気持ちはこうだろう」と想像を膨らませ過ぎているところです。

お姑さんは、息子が連れてきた（得体の知れない価値観を持つ）嫁の考え方に、戸惑いは感じつつも、尊重しようと一生懸命振る舞ってはいる。しかし、やはり家事はそこそこに外出ばかりする嫁の行動は不可解ではある。

陽子さんは陽子さんで、厳しいお父さんとそれに従う物わかりのよい妻という典型的な夫婦に、「それは本当？」という気持ちがあり、自分の気持ちを押し殺して生きているように見えるお姑さんの姿に、静かな反発がある。

バウンダリーには、不理解の対立というケースもあります。そこで私は、陽子さんのほうからお姑さんを誘ってみて、お姑さんに新しい世界を見せるような提案をしました。仲よくなるのは難しくても、自分はこんな人間です、というのが伝われば、きっとこれまでの妙な緊張感は少しずつ溶けていくはずです。

第5章

ほどよい距離を判断できる人間関係のマイ・ルールをつくる

マイバウンダリー・ルールをつくろう

人間関係において不満のもととなるのは、「やらされている」「つき合わされている」といった、納得感の伴わない行動です。バウンダリーを引かないでいれば、あなたの生活はじわじわとこうしたストレスに染められていきます。そして、それはいずれ「誰かのせい」ということになり、1日の多くを「誰かのせい」にして生きていくことになります。

まず、あなたの〝もやもや〟を視覚化していきましょう。そこから自分が受け入れられること、そうでないことを炙《あぶ》り出していきます。それによって、バウンダリーを引く際のマイ・ルールがつくられていくはずです。

あなたにとっての時間の優先順位は？

1週間は、24時間×7＝168時間。寝る時間もあるし、食事や入浴の時間もあるわけですから、他人に振り分ける時間は実際のところ、100時間を切るわけです。これは、生身で会う時間とは別に、メールやLINEでのやりとりも含めてです。

1週間を100時間として、たとえば毎日2時間、話につき合わないといけない人がいたなら、1週間のうち14時間です。100時間分の14時間と言えば、あなたの1週間のココロの14%がその人で占められているということです。それを望むか望まないか（もちろん恋人や大好きな人で占めるならいいでしょうが）ははっきりさせておいたほうがよいでしょう。あらかじめひとりに対する持ち時間オーバーの設定が頭にあれば、それを逸脱した場合はアラームを自分で鳴らすことができます。

あなたの生活の中での登場人物を確認する

では、自分の生活において、現在の人間関係がどうなっているのかを整理するために、2つのワークをやってみましょう。

ひとつ目は、今日を振り返るワークです。なので、今、この本を読んでいらっしゃるのが朝ならば、夜寝る前になるまで待ってくださいね。夜にその日1日を振り返り、実際に何人の人と言葉を交わしたか、あるいはメールやSNSで何人の人とメッセージを交わしたか、そしてその中で、もっとも記憶に残った言葉（よい悪い含め）はどんな言葉だったかを書き出していきます。

2つ目は、視野を1週間に広げていきます。月曜日はじまりが望ましいですが、水曜からでも、日曜日からでもかまいません。今日を基準に、昨日までの1週間の自分の行動を振り返り、長く時間をともにした人の名前を、表に書き込んでいきましょう。

1日の人間関係振り返りワーク

1 今日、朝起きてからだいたい何人の人と声を交わしましたか?

＿＿＿＿＿＿＿＿ 人

2 今日、朝起きてからだいたい何人の人とメールやSNSでのコミュニケーションを交わしましたか?

＿＿＿＿＿＿＿＿ 人

3 今日、朝起きてからもっとも記憶に残ったのは誰のどんな言葉ですか?

書き込み例

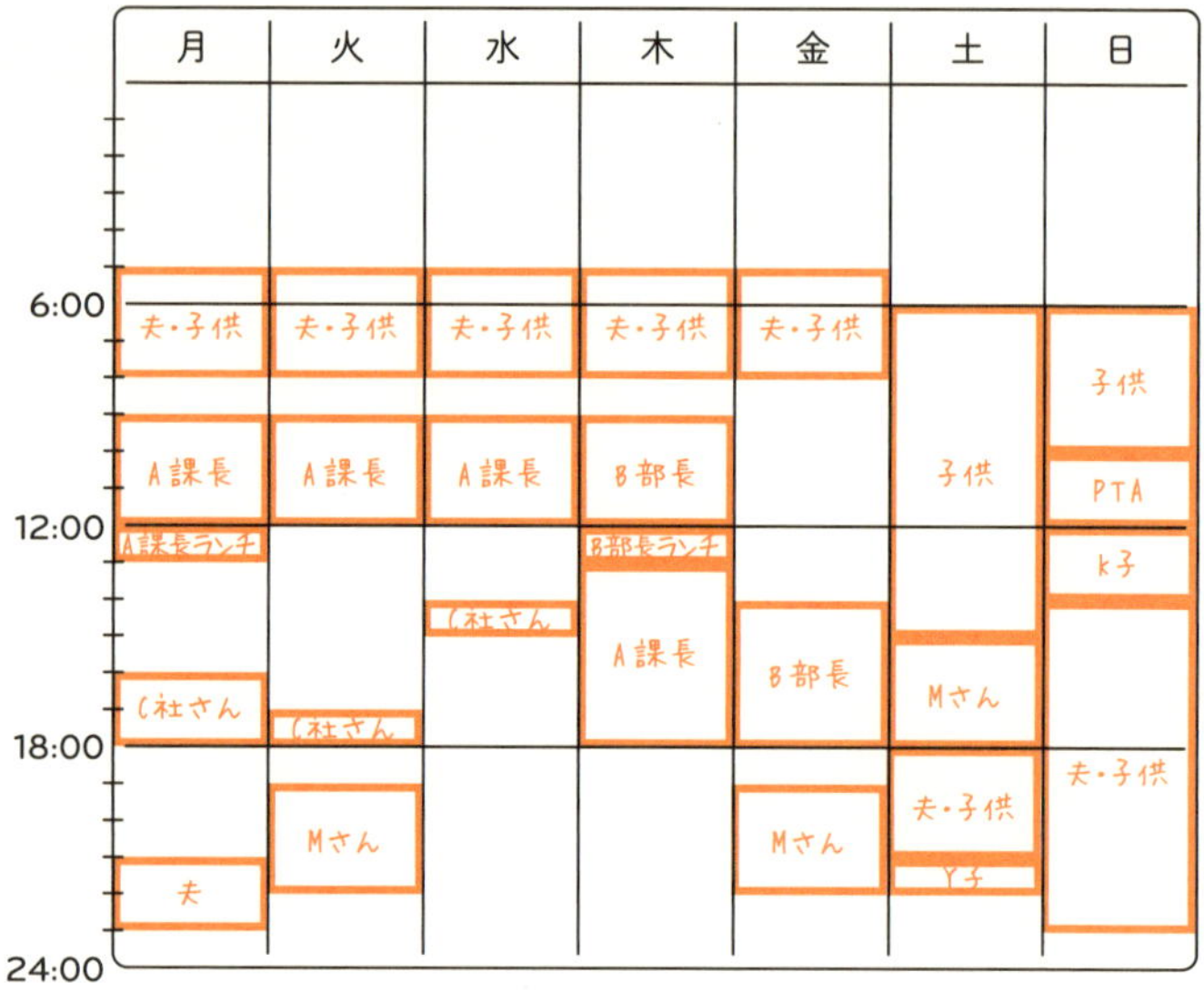

この1週間どういう生活をしていたかを
時間単位で細かく振り返って、
あなたの生活の「登場人物」を明らかにしてみましょう。

あなたの生活の登場人物ワーク

	月	火	水	木	金	土	日
6:00							
12:00							
18:00							
24:00							

ふだんから、よく会って 言葉を交わす人は?	
顔をあわせることは少ないが、 電話やメールでよくやりとりする人は?	
初対面であいさつを交わした 程度の人は?	
よくも悪くも、1週間のうち、 頭の中に頻繁に登場する人は?	

交際費から あなたの人間関係を見直す

あなたのお金の使い方についても、振り返ってみていただきたいと思います。ここでは特に人間関係において使うお金（交際費）のワークをやってみましょう。

1　ここ最近の1週間で、あなたの外食や飲み会などの回数を振り返ってみましょう。

2　そして1週間の外食費の総計をだいたいの金額でよいので出してみましょう。

3　そのうち、会社の同僚や上司、友人と食べた時、自分から、どれくらいの支払いをしているかを思い出してみてください。この1週間を例にして、ふだんから、A 割り勘が多いか、B おごってもらうことが多いか、逆に、C 自分が出しているケースが多いでしょうか。

外食の支払い方を振り返ってみよう

ここ1週間の外食の回数

3 回

1週間の外食費総額

1,500 円

A 割り勘の人たち

K子

PTA

A 奢ってもらう方々

A課長

B部長

Mさん

C 自分が奢っている人たち

Y子

誰かと一緒に外食をする時、A、B、Cのうち多いのはどれでしょうか。確認してみてください。このワークでは、外食での支払いの仕方によって、今後の人間関係のあり方を考察します。

割り勘の多い人間関係　平等感覚を貫いていますが、同時に損得勘定で人間関係を見てしまう傾向があるかもしれません。

おごられることの多い人間関係　あなた自身、相手に何か魅力を感じさせるものや才能を持っていますが、それに甘んじてしまうと関係依存や状況依存に陥ってしまう可能性があります。

おごることの多い人間関係　上下関係に厳しいか、お金を支払うことでその場を支配する欲求が強いかもしれません。相手に手の内を容易には見せない性格。

割り勘が50%、自分から支払うのが25%、誰かにおごってもらうのが25%というのが、理想的と言えるでしょう。お金の動きを通じて人間関係の循環があるのが望ましいです。

最小限の人間関係を考えてみる

さてここで、視点を変えて、あらためて質問です。
今後あなたが生きていくために、必要な人というのは、最低何人でしょうか？
すごく大胆な質問で恐縮です。
でも、実際、何人くらい必要なんでしょう。

もちろん、子供の頃と、大人になってからとでは、必要な人の数はずいぶんと違うでしょう。その中間にある学生時代、就職したての頃、あるいは結婚する前と後で、質も量もドラスティックに変わっていると思います。これからも、もちろん変わっていくでしょう。

その時どきで変わるにしても、今後10年くらいの範囲で、どれぐらいの人数の人とおつき合いをするか。これは、個人差があると思いますし、仕事内容や家庭環境によって、また住む地域によっても、簡単には確定できないと思いますが、人間の脳のサイズという生物学的な範疇で言えば、それは150～160人が平均なのだそうです（＝ダンバー数）。すぐに名前と顔が一致して、連絡を取り合ったり、時々食事やパーティに行く関係をテンポラリー（現在進行形）で維持できるのは、人間の能力で言うと、平均150～160人ということです。

これを多いと見るか、少ないと見るか？

携帯電話の中には、電話番号がたくさん登録されていると思います。もしかしたら1000件くらいあるかもしれませんが、ここ10年ほどまったく連絡してない人もいっぱいいるでしょう。

ふだんどれぐらいの人と密にコミュニケーションを取っているかと振り返ってみると、フェイスブックやLINEでのおつき合いを含めても、意外と少ないのではないでしょうか？

150〜160人の関係の新陳代謝

つまり、こういうことです。私たちの人間関係は、ある期間、150人を土台としながら、それぞれ関係を強弱させつつ、関係が濃くなる人は近いほうへ、薄くなる人は遠いほうへ、そして、遠いほうではちょっとずつ出入りし、新しい人を迎え、薄くなった人は150〜160人の枠から出て行く……。そのような新陳代謝を起こしながらできているとイメージしてみてください。

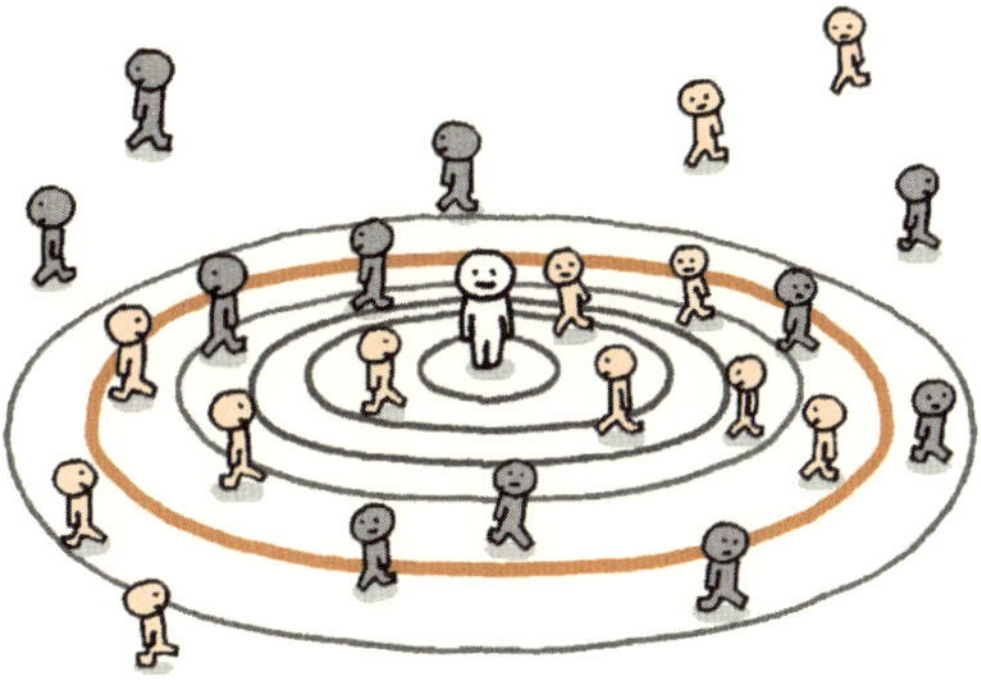

濃密な関係の16人は、誰？

もしあなたが人間関係を心地よい状態にしたいのなら、今までうやむやにしている自分の頭の中の関係構図をしっかり視覚化・言葉化するためにワークが必要です。

今現在、自分にとって必要な150〜160人をすぐに書き出すのは大変なので、その10分の1＝16人からやってみましょう。あなたの生活に濃密な関係を持つ16人、紙に自分に近い順に書いていくと、誰がピックアップされるでしょうか。

たいへんシビアなワークですが、実際に16人を書き出してみてください。あなたの世界が16人で構成されるとしたら、誰を残しますか。「旦那さん」とか「お母さん」じゃなくて、個人名を書き出してください。

「今現在、自分の身の回りの人間関係をどんなふうにつくっているのか」を書き出し、自分の目で確認することが大切です。すると、「この人を入れるんだったら、この人は……」と自分の「人間関係の境界線」というものが浮き彫りになってきます。

ふだんはこんなことを意識することなく人間関係を継続していたり、出合い頭で増えたり減ったりしているかもしれませんね。

自分が生きていくのに必要な16人は?

16人を4つにカテゴライズしてみる

では次です。ここに書かれた16人の名前を、もう一度しっかりと見てください。ここからもっとシビアなワークになっていきます。16人を4タイプ、4つのカテゴリに分けていきましょう。

4つのカテゴリというのは、1＝その16人の中ですごく心地よい4人、2＝次に心地よい4人、3＝心地よいかどうかはわからないが生活に必要な4人、そして4＝その他、です。

心を鬼にして、自己中心的で構いませんので、自分の役に立つかどうか、自分が好きかどうか、心底自分の主観で4つにカテゴライズしてください。重なってもかまいません。

難しいですか？ でも、ここが勝負どころですよ。これから本気で心地よい人間関係をつくるつもりなら、「心地よい人間関係とは何か？」を自分で意識しなければいけません。

16人を4つのカテゴリーにわける

1 すごく心地よい4人	2 次に心地よい4人
3 心地よいかどうかは わからないが 生活に必要な4人	4 その他

「自分の人間関係マップ」という習慣

この人といると健やかにいられるかな？　元気いっぱいでいられるかな？　といったことを定期的に自分に問う。自分の心を確認する習慣を持ちましょう。

カウンセリングをしていても、いろいろと理由をつけては、人間関係をそのままにしているケースが本当に多く見られます。そのままにしておいてずっと不満を言い、ストレスが悪いほうに継続することになってしまうのです。

かつては浮き浮きしたけど、今はそうでもないということも、人間関係では起こります。だから定期的に「自分の人間関係マップ」を書き出し、しかも人数を確定して（16人などで固定してみて）、その中でカテゴライズしていくことをやってみる。

「人を商品みたいに扱うなんて……」という罪悪感か、今の人間関係にずっと不平を言いながら過ごすストレスか、どちらを選ぶかのせめぎ合いになるかもしれません。でも、これは他人に見せるためのものではなく、自分の心を見つめるための作業として、罪悪感などは脇に置いてチャレンジしていただきたいと思います。

過去、現在、未来の関係

さて、書き出していただいたのは、「現在」という時間軸での人間関係でした。書き出された16人は、今現在では近い関係かもしれませんが、これを10年前に設定したらどうなるでしょう。たとえば10年前だったら、自分の身の回りにどんな16人がいたかを1回書き出してみましょう。

どうですか？　もう忘れてしまいましたか？　10年前と現在と、どちらにも名前があがる人は何人くらいいるでしょうか？

その延長で、未来の10年後の16人も考えてみましょう。まだ出会ってないAさんやBさんがいるかもしれませんが、10年前が今に変化した過去をたどりながら、じゃあ、今現在の関係性がどう変化していったら、未来の16人が決まってくるか、そんな発想でやってみてください。

10年前の自分に必要だった16人は？

10年後の自分に必要な16人は？

手放しの人間関係

現在、世界には何人ぐらいの人間がいると思いますか？

答えはもう70億人をとっくに超えて、75億人を突破しています。「そんなにいるんだ！」と思うでしょうが、ここで想像してください。一生涯で75億人全員に会うとしたら、1日に何人に会わなければならないと思いますか？

答えは、23万6489人。

女性の平均寿命の86歳まで生きるとして計算すると、およそ23万人から24万人の人に、毎日会わなきゃいけないことになります。

すごい数だと思いませんか？　リアルに想像するなら、日本のお医者さんが約28万人で、そのうち男性のお医者さんが23万人です。毎日23万人のお医者さんを受診する。地球上の人全員と縁を結ぼうと思えば、それぐらいしなきゃいけない。

ちょっと不可能ですよね。

逆に言えば、いま身の回りにいる人、常にしゃべったりとか、ご飯を食べに行ったりする人間関係は、もうこれはご縁以外の何物でもありません。家族に至っては、まったく他人だった人が結婚するなんて、すごい確率です。

そう考えると、もう0・000000……パーセントの範囲で、私たちは人間関係をつくっているという事実が浮き彫りになります。

今ある人間関係は貴重ではあるけれど、同時に**ものすごく限られた関係**。可能性から言えば、結婚相手は世界中にいますし、住むところもビザや永住権を取得する努力さえすれば、世界中が選択可能な範囲です。現代社会はその自由が与えられています。0・000000……パーセントの範囲からの脱出は、可能性としては膨大にあるということです。

不完全燃焼な関係

しかし、多くの人は、今いるこの場所を選び続け、今ある人間関係の中で暮らし続けています。一見すると楽な状態のようですが、これは過去に選んだことを「今日も選び続けている」ということですから、体力も精神力もけっこう使っています。ストレスはそのせいなのです。

「今ある人間関係を大切なご縁としてとらえて、すごく大事にするんだ！」と思って生きることができるのなら、それはすごく貴重で、幸せなことです。そう深く決意している方に、愚痴や不満は無縁でしょう。

でも、多くの方が人間関係にストレスを感じているのは、**「なんで自分ばかりが我慢し、自分ばかり人間性の器を広げなきゃいけないの？」という疑問**からです。**「相手は何も変わらなくていいの？」という不公平感**からです。

今ある関係の中でそのストレスをどうにかしようとすると、相手にぶつけるか、自分の中に溜め込むしかありません。この不完全燃焼ストレスはずっとついてまわるでしょう。

人間関係のリ・デザイン

しかし幸いにして、私たちは、人間関係において「新陳代謝」ができます。私たちのカラダは同じような姿形をしていても、分子レベルで見れば、昨日と同じではありません。毎日、新しい栄養を摂り入れ、その分を毎日排泄しています。そうやって少しずつ自分のカラダを「更新」しています。

同じように人間関係も、毎日、少しずつ更新が可能なのです。毎日摂り入れる栄養素と同じように、人間関係をつくり直していく。毎日排泄しているものと同じように、すべきお別れはちゃんとしていく。これを私は「リ・デザイン」と呼んでいますが、人間関係のリ・デザインが習慣化すれば、今ある人間関係で悩んでいることが、とても小さくなるという大きな利点があります。

今ある人間関係で悩んだり、プレッシャーを感じたり、ストレスを感じているというのは、非常に狭い世界の話だというのは、確率的に言って、事実です。「とても狭い世界の話なんだ」と認識することが、上手にバウンダリーを引くための第一歩になります。

人間関係の濃淡はライフステージによって変わるもの

　さて、先ほど16名を区切ってみてもらって、あなたはどんな気分になりましたか？たくさんある人間関係の中で、自分で選んだわけですが、この「区切る」という作業によって、どのようなことを感じたでしょうか。「10年前に5番目だった人が、今ではすっかり疎遠になっている」、たとえばそうしたことに気づいたかもしれません。

　ライフステージによって、人間関係は変わっていくものです。変わっていかなければ、逆におかしいのです。人はいくつになっても変化・成長するもので、それなのに「関係の固定」はあり得ないのです。また、ずっと続いている人間関係でも、その質や中身は変わっているはずです。昔から長く関係が続いている人とは、きっと小刻みな関係更新を上手にしているのでしょう。それは、自分の心の内側を吐露できる親友だったり、お互いがどう変化しているかを素直に言い合える夫婦だったり。そういう関係にはお互い、相手への敬意と尊重があります。

成長の度合いがずれると、関係も変化する

すごく仲のいい夫婦であっても、成長の度合いにずれが生じることがあります。

たとえば、子供が手を離れたのを機に奥さんが仕事をはじめ、外出が増えてくると、奥さんの足を引っぱるかのように、旦那さんがつまらない邪魔をすることもあります。どちらかが成長すると、もう片方は置いていかれる気がして不安になるんですね。お互いの気持ちや要望を言葉にして伝え合うことなく、奥さんが我慢を強いられたまま、ということもあるかもしれません。

関係を続けたいなら、言葉にすること、態度にして伝えること、その努力を怠るわけにはいかないのです。それを、「親子だから」「夫婦だから」「職場のメンバーだから」と固定化して何もしないでいると、結果として悩みが深まり、自分がつらくなります。場合によっては、それが健康問題にも発展します。

誰もが「必要な16人」のリストを持つ

こういうことも考えてみてください。

先ほど書いていただいた「生きていくのに必要な16人」のリストは、当然のことながら、あなた以外の人にもあるわけですね。あなたとその人が今は親密な関係であっても、数年後、相手のリストに変化が生じるかもしれません。自分自身が変わるのと同じように、**相手も変わりゆく存在**です。そう自覚していれば、仮に相手が疎遠になっていったときに、「あれだけ仲よかったのに」と抵抗するのではなく、「今は関係性が薄れていく時期なんだ」と、人それぞれのバウンダリーを尊重することができます。

もちろん、関係性が薄れたからと言って、それっきりとは限りません。関係性が薄れた後に、また近づくこともあるはずです。良好な人間関係を築くには、時には疎遠にしていくパワーが求められます。と同時に、関係性を復活させる心のゆとりも必要です。

マイバウンダリー・ルール7ヶ条

これまでいくつかワークをやっていただきましたが、最後に、7つの宣言をしましょう。

最後の第六条、第七条には、自らの言葉を書き入れてください。

第一条　私は、自分がつき合う大切な人に敬意を持って接する。反対に私とつき合う人は、私に敬意を持って接する。私はそれにふさわしい振る舞いをする。

第二条　私は、時間の使い方について自分を優先する。他の人に時間を奪われることはしない。職場や他人との時間は、自分できちんと納得した時間である。

第三条　私は、空間の使い方について、ゆとりを大切にする。生活空間においては、なるべくモノを少なくし、床置きしない。動きを阻むものは捨てる。

第四条　通勤・通学・移動空間では、満員で自分をぎゅうぎゅうにしないよう時間を早めるなどの工夫をする。

第五条　ふだんから表情と姿勢を意識して過ごす。口元はほのかににっこり口角を上げ、姿勢は背筋を静かに伸ばし、堂々と歩くことを心がける。

第六条　私は、（　　　　　　　　　　　　）な人とはつき合わない。

第七条　私とつき合う人の共通点は（　　　　　　　　　　　）である。

16人のリストを眺めながら、（　　　　　　　）内は自分の言葉で記入してみてくださいね。できれば、この7つのルールは、あなたがふだん持ち歩く手帳やパソコンのデスクトップなどにも、すぐ見られるように書き写しておいていただきたいです。あなたが心地よい人間関係をつくるための「あなた憲法」にしてください。

第6章

縛られない・とらわれ過ぎない
ワンランク上の人間関係へ

日々のバウンダリー意識は、あなたの自尊感情をはぐくむ

人は、多かれ少なかれ、誰しも承認欲求（＝他人から認められたい、必要とされたい、尊敬を得たいという欲求）というものを持っています。他人から褒められてまったくうれしくない人というのはいないですね（恥ずかしがる人はいますが）。

逆にいうと、こうした承認欲求こそが、バウンダリーを甘くしてしまう要因とも言えます。他人に褒められたくて、認められたくて、ついつい過剰に相手のニーズに合わせてしまう。相手が自分のことをどう思っているのかが気になって、いつしか自分の気持ちよりも相手の気持ちを優先してしまうようになる……。

他人の評価に振り回されず、自分で自分を適正に評価できる人は、バウンダリーを崩しません。自分で自分を満たしてあげられる能力は、それほどに貴重なのです。で

も、それができる人は多くはないでしょう。

バウンダリーがうまく引けるようになるには、他人を認め、自分のことも同じくらい、いやそれ以上に認められるようになる必要があります。つまり、**他人とのバウンダリーを引くトレーニングに取り組むことは同時に、自分を尊重する力＝自尊感情をはぐくむことにもなる**のです。

まずは確認してみましょう。「子供のために」「主人のために」「母親のために」「父親のために」「あの人のために」という言葉を口にすることが多くなってきたと感じたら……次の3つを肝に銘じて、行動をできるだけシンプルにするよう心がけましょう。

①その行動は、「自分がしたいから」という再確認を自分のココロにしてみる

②誰かのためにすることがあるなら、それはその相手に、本当に必要か、それとなく確認してみる

③それでも「あなたのため」にしたい行動は、それは自分がしたいことだからと、感謝されようがされまいが関係ない境地で行動する

自己肯定感のリニューアルチャンスは9年周期でやってくる

人間を堕落に導くもっとも大きな悪魔は、
自分自身を嫌う心である。

ゲーテ

ヨハン・ヴォルフガング・フォン・ゲーテ（1749～1832年）は、ドイツの詩人、劇作家、小説家、自然科学者、政治家、法律家です。近代科学が専門的に細分化する前の学問を大横断することのできた大天才です。

自尊感情という言葉は、現在、日本人にとってとても大事な概念になっているようです。数年前になりますが、国立青少年教育振興機構が行った、日本・米国・中国・韓国の高校生を対象とした調査では、「自分はだめな人間だと思うことがある」という質問に対して、「はい」と答えた割合が中国（56・4％）、アメリカ（45・1％）、韓国（35・2％）だったのに対し、日本人の高校生は、72・5％が「とてもそう思う」「まあそう思う」と回答しています。

人に気遣いをできることはとても大切なことだと思いますが、それが行き過ぎて、人の評価を気にしてばかりいると、その行動は、人から見てなんだかわかりにくく複雑になります。それで自分の行動にいちいち説明が必要になります。

「だって○○だから」「あの人が○○だから」。

このように誰かや状況のせいにすることが多いと、その分だけ誰かの人生になります。**誰かのせいにしている時点で、自分の人生ではなく誰かの人生を生きていることになる**のです。

自分評価で行動することは、決して簡単ではありません。訓練が必要です。バウンダリーはそのためのトレーニングですが、まずは、前章の「マイ・ルール」をもとに、**行動をシンプルにする**こと。そして、**人のせいにしなくてすむ行動を増やす**こと。

それを心がけていれば、自分の人生をどんどん取り戻すことができます。自分の人生とは、自分で自分の人生を評価できる人生です。この元になるのが自己肯定感です。

育児書などでは、幼少期、0～3歳までが自己肯定感のはぐくみの時期、その上の3～6歳にしつけの時期があり、7歳から勉強と書いてあります。

「自分はひどい幼児期を過ごしたからもうだめだ」と考えないでください。私は、カラダは7年周期、そして、ココロは9年周期でもとに戻ってくると考えています。

なので、0歳～3歳までのように、

9歳からの3年間、9歳、10歳、11歳
18歳からの3年間、18歳、19歳、20歳
27歳からの3年間、27歳、28歳、29歳

36歳からの3年間、36歳、37歳、38歳
45歳からの3年間、45歳、46歳、47歳
54歳からの3年間、54歳、55歳、56歳
63歳からの3年間、63歳、64歳、65歳
72歳からの3年間、72歳、73歳、74歳
81歳からの3年間、81歳、82歳、83歳

は、自己肯定の基盤を新しく創り直すのに大切な期間だと考えています。

もし、この各ステージの3年間に該当される方がいらっしゃれば、それまでの9年間を振り返り、思い出深いこと、努力したこと、誰かに貢献できたことを書き出してみましょう。それらはあなたの今後9年間の自己肯定の土台となります。さらにあなたの得意分野、褒められたこと、認められたことを書き出し、それらのキーワードをベースに人間関係の土台をつくり直すのです。

また、この時期はカラダで言えば、足、足首、膝、ふくらはぎ、太もものメンテナスを。カラダはココロの土台です。歩き方の癖を調えて、ジョギングやウォーキングを取り入れてみることで、あなたのココロの基盤づくりを強化しましょう。

20代のバウンダリーの重要性を痛感した出来事

ここで、24年前の私の体験談を紹介させてください。

私は大学卒業後すぐに22歳でカウンセラーとなりました。当時は経験も自信もなかったので、「どんな要求にも応えよう」と、どこか気負いがあったように思います。クライアントさんには必ず自分の携帯電話の番号を伝えていました。「いつでも電話かけてきてくださいね」といったオープンな関係をめざしていたのです。

すると、夜中でも朝方でもどんどん電話がかかってくるようになりました。クライアントさんにとっては5時から7時の2時間であったとしても、多くの方から電話がかかってくるので、こちらは〝24時間営業〟になってしまいました。午前3時の予約で来社してもらって、カウンセリングをしたこともあったほどです。

そして状況は次第にエスカレートしていきます。

「うちの旦那が帰ってこないんで、一緒に探してください」という依頼が入り、一生懸命、自転車で探したこともありました。そんな夜回り先生のような状態が3年ほど続き、ついに自分の身がもたなくなります。そこでようやく〝バウンダリーを引く〟ということの意味を痛感したのです。

経験を積んだ今なら、この状態を引き起こした原因がわかります。

「クライアントさんのために」という善意の裏で、

「私のおかげで悩みが消えたでしょ？　私がついてるから大丈夫でしょ？」

と、私自身の承認欲求を満たそうとしていたのです。なんと醜い潜在欲求でしょう。でも、〝潜在〟なのでよくわかりませんでした。

今でこそ思えますが、プロであれば、時間内に悩みを共有し、解決への道を探らなければ失格です。時間を延長し、無制限に受け入れてしまったことで、相手を依存させる可能性を広げてしまったように思います。

これは、大きな自己反省でした。

たとえば、池に落ちて溺れている人がいたとしたら、もちろんすぐに飛び込む姿が理想的でしょう。でも、自分の体力では引き上げることができないとわかっているなら、救助隊を呼ぶか、確実に助ける方法を探さなければいけません。力が足りないのに池に飛び込めば、一緒に溺れてしまいます。一緒に沈んであげることが、相手を助けることにはなりません。

受け入れ過ぎることは、逆に相手に対する誠実さを欠く行為になってしまうということなのです。

その時、人を助けるということは、決して中途半端な気持ちでやるべきではないと痛感しました。

出会いと別れはセットだということは、私たちは生まれた時から宿命づけられていますし、頭ではわかっているはずです。でも、こと自ら関係を切るということを行動に移すとなると、急に臆してしまうものです。しかしながら、現状の人間関係に不満や疑問を持ちながら継続させているのなら、やはりどこかで決断が必要です。

何度も言いますが、誰かのせいにしている限り、自分の人生ではありません。不満いっぱいなのに、今の人間関係に甘んじているならば、それは自分が飛躍する勇気が持てない言い訳かもしれません。しかし、それ以上に、他の人の飛躍の機会を奪っている可能性もあるかもしれないのです。

全方向に一律のバウンダリーは不可能

あるクライアントさんのお話です。70代男性、一代で財をなし、地元の名士で、多くの寄付も行ない、地位も名誉も地元からの尊敬も手に入れた、まさに成功物語を絵に描いたような方でした。見たところ、顔色も姿勢もはつらつとしていて、何かの疾患を患っていらっしゃる様子もない。実際、健康診断も欠かさず、フルマラソンも走れるほどカラダも鍛えているので、不調はないとのこと。

「何も問題はないように思いますが……?」と来所の理由を聞いてみたところ、そのお答えは意外なところにありました。

「お恥ずかしながら……妻が、うつを患いまして」

私たちカウンセラーがピンとくるのは、これは、この男性の何らかの「防衛機制」

が働いて、その封印した心の闇が、奥さんのほうに現象化したケースかもしれないということです。実際、そうかどうかはカウンセリングの中でゆっくりと確かめていくのですが、「お恥ずかしながら」という言葉遣いがすでにそれを示唆しています。

男性が理想を掲げ、首尾一貫生きていこうとすると、自分は自分の理想なので覚悟ができますが、家族はそれほどの覚悟ができていないことが多く、妻や子供に無理な期待を強いることになります。そうすると、家族のひとりがそのプレッシャーに負けてしまい、理想の対極にある〝現実〟を見せてくれることがあるのです。

私も過去に苦い経験がありました。20代後半で独立開業し、5人ほど従業員を抱えて仕事をしていた頃です。当時の私は、理想をそのまま掲げ、仕事をしていました。「前向きな心持ちこそがカラダの自然治癒力を向上させる!」「明るくポジティブな生活スタイルを心がけることで、健康は自分で創造できる!」

スタッフもその理想に共鳴して集まってきてくれた人たちばかりだったので、職場は楽しい雰囲気に包まれていました。

ところがやはり企業経営ですから、厳しい局面に立たされることもあります。5人の給料が重くのしかかり、睡眠時間を削って、笑顔も消えがちで働いていた時のこと。「社長は言ってることと、やっていることが違いますね」

あるスタッフにこう言われてしまいました。

「なに！」と怒る気力もなく、また、自分でもポジティブになれない状況に自分やスタッフを追い込んでしまっていることを情けなく思ってもいたので、ただただ「済まない」と返事をしただけでした。そのスタッフはしばらくして退職していきましたが、そんな時、ある心理学のメンターからこうアドバイスをもらったのです。

「スタッフとの距離と、クライアントさんとの距離を同じように考えていない？　それは明らかに違うもんなんだよ。「バウンダリー」という言葉を知ってる？」

なんだかその時、私は激しく、この「バウンダリー」という言葉に救われた気がしました。首尾一貫、いつでも裏表なく、誰にでも同じように接することが大事と思い込んでいた私を、とても優しく、解放してくれたのです。

人は強くなる時も、弱くなる時もあります。

嘘偽りなくやっていても、現実的には理想通りにいかない時があります。

家族やスタッフは、そういった状況をそばで見つめながら、表も裏も含めてもっ

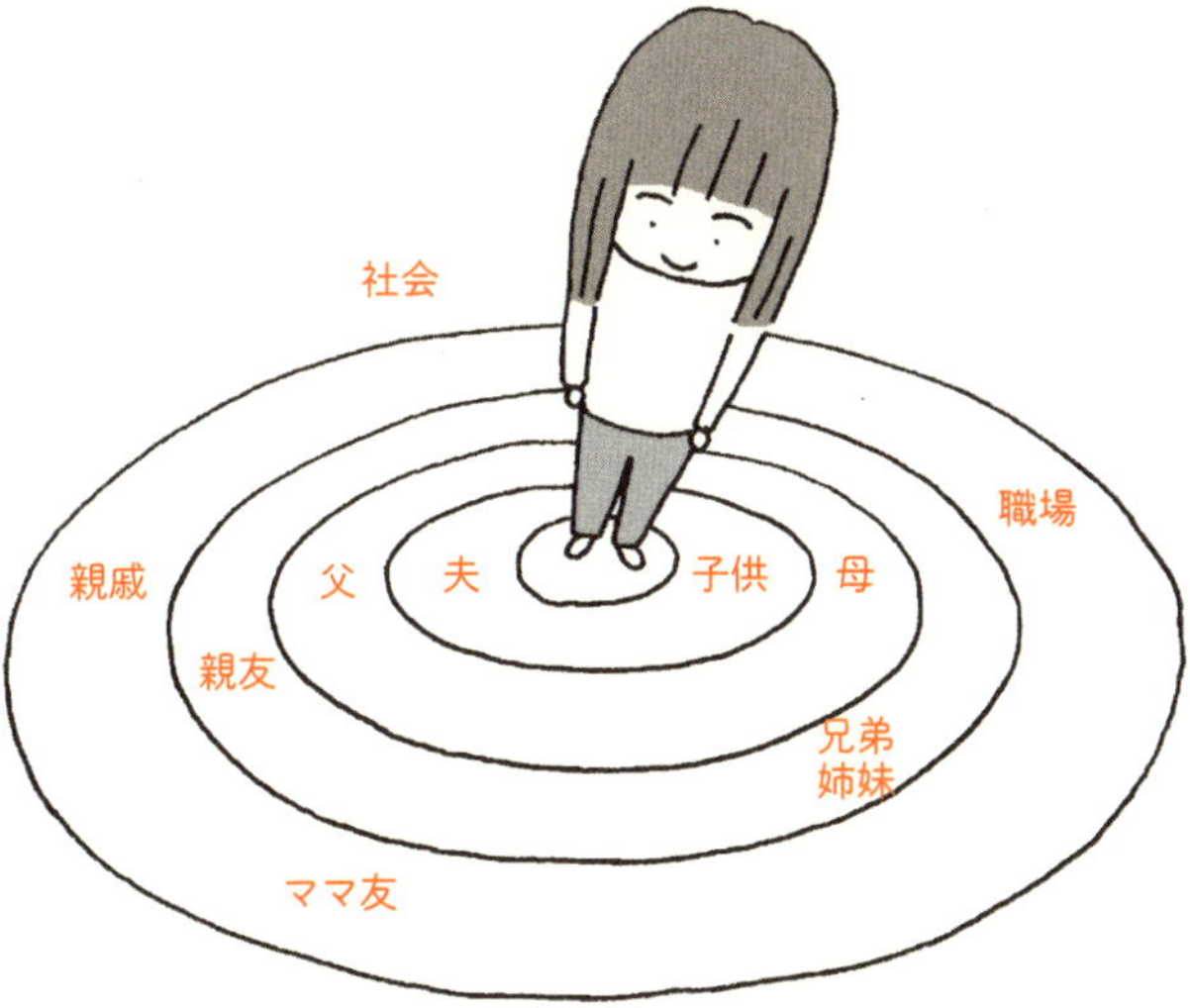

とも理解してくれる存在。だから日頃から、理想も現実も含めたコミュニケーションをしておくことが大切になります。

遠いところに位置する人と同じような境界線を家族に引くと、自分ばかりか家族を苦しめることになってしまいます。

冒頭の男性には、自分の弱み、短所、過去の後悔など、普通なら見つめたくないリストを書き出してもらい、それをもとに、奥さんとたくさん話をしてもらうことにしました。自分の弱い部分に入っていけること、それが本当の強みなのだ、と。

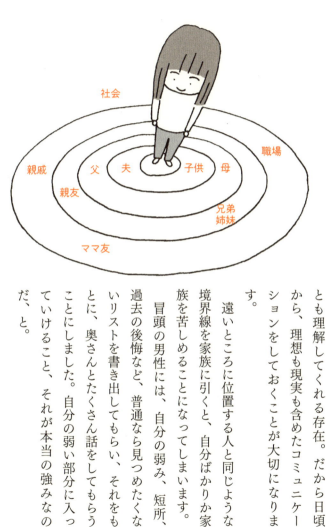

バウンダリーはあなたの感受性を磨き、あなたの才能を開花させる

「感受性」という言葉が最近、ＨＳＰ（Highly sensitive person ハイリー・センシティブ・パーソン）という言葉とともに、再注目されています。

ＨＳＰ（人一倍敏感な人）、ＨＳＣ（人一倍敏感な子）とは、心理学者エレイン・Ｎ・アーロン博士によって提唱された概念です。アーロン博士はこれまで、「内向的」「怖がり」「引っ込み思案」などとネガティブにとらえられがちだった敏感な人について、本当は感受性豊かで創造的、そして子どもの15～20％を占める個性のひとつであることを明らかにし、感受性の強さとは、主に育て方によって決まるものではなく、持って生まれた先天性のもの、その人固有の遺伝的性質であり、才能ともなり得る、ということを学術的に立証しました。

私は、カウンセリングを通じて、感受性の高い方々とずいぶん接してきました。

そうした方は感覚が鋭く、さまざまなことをいち早く敏感に察知するがゆえにストレスも多く、またそれをカラダに閉じ込めてしまうために、不調や症状として現われます。感受性の高さは時に、おなかの中のガスや皮膚電位（静電気）などで生じますが、それらを放出せずに我慢していると、神経系などにも不調が起きやすいのです。

「私、感受性が強過ぎて……。だからすぐ疲れちゃうの」

という言葉はよく耳にします。けれど、有能なビジネスマンや企業のトップ、あるいは芸術家、アスリートも、みんな驚くほど感受性は高いです。

そこにあるのは、感受性を内側に閉じ込めてしまうか、外に表現できる術を持っているかの違いです。

ある東証一部上場企業の社長さんにインタビューをさせていただいた時のことです。その社長いわく「感受性こそが人間性なのだ」とおっしゃいました。

すごく含蓄のある言葉です。

人が気づかないことに気づけるというのは、まさに感受性のなせる技。仕事で言えば、クライアントや取引先からの返答にちょっとしたあいまいさが混じっているのを見抜いて次の手を打ったり、家庭で言えば、子供の声に違和感を察知して、早めにケアをしてあげたり。

感受性は、そのままにしては、体内の神経系に溜まってしまいますが、気づき、行動に移すことで、エネルギー変換が行なわれるのです。

ここまで読んでいただいているあなたも、きっと感受性は普通の人より高いはず。そうでないと、本書を手に取ることはないでしょう。もしかすると、その高い感受性による行き場のないストレスのせいで、つらい思いをしているかもしれません。

でも、今日からぜひ、自分の感受性の〝犠牲者〟になるのではなく、それを大いなる才能として発揮させていきましょう。

あなたの感度を、目に見えないバウンダリーを操ることに使うことで、企業CEOやアスリート、芸術家に匹敵する能力を発揮できるかもしれません。

本書で解説してきた通り、バウンダリーとは、

・表情
・言葉
・声色
・しぐさ
などに対する感度そのものです。

人間関係には、バウンダリーのアップデート（更新）が必ず必要です。そしてそのタイミングがとても重要です。

バウンダリーは、一度引いたら終わり、というものではありません。お互いがお互いのペースでココロの成長を促進し合っている存在だ、という察知能力が磨かれていないと、アップデートのタイミングを見誤ってしまいます。

目に見えないところで起こっているバウンダリー・オーバーや支配関係に気づく力は、これからますます必要となってくるでしょう。バウンダリーが硬直したままだと、やがて家族の衝突、夫婦の衝突、職場での事件の勃発、さらに、カラダの不調やココロの病気といった形で表面化します。

バウンダリーは目に見えないだけに、誰もが感じることができるわけではありません。本書で紹介したスキルから入って、感度を磨き、人より先に感じて、早め早めのバウンダリーの引き直し（リ・バウンダリー）を実行することで、あなたの人間関係は面白いほどに能動的で楽しいものに変わっていくはずです。そしてそれはやがて誰かを救う力にもなっていくでしょう。

人生は、人間関係なしに語ることはできません。人との出会いと別れは必然で、そこからたくさんの学びを得ます。人生を終えた後に、魂が続くとするなら、きっとその「人間関係で生じた経験」こそが残るのでしょう。

私たちがカラダを持っている意味

最後に、その魂に関する、とてもとても不思議な私の体験談をお届けします。私は、バウンダリーのリアルな意味を、この体験から知ることができました。

今から十数年前のことです。

その日、私は高速道路を急いでいました。朝からの雨脚が強まり、ちょうど夕闇と重なって、視界はだいぶ悪くなっていました。

自宅のある淡路島への帰途。車で通うには、島と神戸側を結ぶ全長4㎞の明石海峡大橋を渡らなければなりません。橋の手前には、長いトンネルがあります。

トンネルを抜ける前、外気が急に冷えたせいか、それとも先を急ぐ私の焦りが車内の温度を上げたせいか、フロントガラス全体が曇ってしまいました。運転しながら内側から曇りをとっていると、そこでちょうどトンネルが終わり、そのとたん、びっくりするぐらいの激しい雨がフロントガラスをたたきました。雨脚がさらに強まっていて、ざざあーと豪雨になっていたのです。

慌ててワイパーをかけて視界を確保すると、反対側車線を、音を出さずにサイレンを回して走るパトカーの姿が見えました。

ああ、こんな雨でもパトロールか。そう思いながら視線を前に戻すと、雨霧の向こうから突如目の前に、赤いテールランプの光が飛び込んできました。前を走る低速車の存在に気づくのが遅れてしまったのです。

あぶない！

急ブレーキに急ハンドル。

右に切ったハンドルのせいか、車はそのまま水の斜面を右斜めに滑走しはじめました。すうーっと滑っていく車の中で、あれ、ハンドルもブレーキもきかない……。あ、これが教習所で習ったハイドロプレーニング現象か……。そんな考えを巡らせるも束の間、車は、ドーンっと中央分離帯に激突しました。

なおもスピンをしながら、三車線の道路をぐるぐる横断していきます。最初の衝撃で、私は気を失ってしまったのかもしれません。とても奇妙な光景が目の前に現われました。それは、運転席でうなだれている自分の姿を、右上方から見下ろしている光景でした。

これは幽体離脱か？

たしかに目の前に自分の肉体が見える。

その肉体にくっついているはずの自分の視覚が、今は肉体から離れたところから自分自身の姿を見ている……。

ど、どうなっているんだろう？

でも、怖くはありませんでした。とてもとても不思議な感覚の中にいました。雨音も聞こえず、呼吸の音も、心音もなく、それでも水中にいるように、どうんどうんという遠くからの響きに包まれています。

私が私を見ているその視線が、私と私の肉体を結びつけているヒモのように感じられました。

視線の反対側からはぐいぐい肉体と反対方向へ引っぱられるような強い力が働いています。振り向いてしまうと、一気にそちらへ飛んで行ってしまいそうな引力です。

その視線のヒモの間で、何を思い、何を考えるか。

私は、向こうの世界はとてもやさしい場所なんだな、ということを直感しました。みんながつながり、お互いの意図が瞬時に伝わり、時の制限も、空間の制限もなく、自由でいて、かつ、つながりもある。とても暖かい場所だな、と感じました。

なるほど、死んだ人たちが、なかなか帰ってこないわけだ……。

このまま行ってもいいな、と思った瞬間、自分の肉体がピクリと動いたのに気づきました。待てよ、じゃあ、なぜ、今までこの肉体に縛りつけられていたんだろう？

ここから先は、私がその時に感じたことを詩にまとめたものです。

＊＊＊

あなたにとって、カラダとは何ですか？
手で触れること
言葉をしゃべること
そして、だれかを抱きしめること
それらはカラダがなくちゃできません。

でも…、
言葉で気持ちを伝えるなんて、
なーんて面倒くさいんだろう。
英語、ドイツ語、フランス語、ロシア語、スワヒリ語…、
なんで、こんなにたくさんの言語があるんだろう。
これじゃあ、気持ちが伝わらないよ。
同じ日本語だって、気持ちが通じないことってたくさんあるよね。
テレパシーなら一発なのにな…。

なんでこんなに面倒なんだろう。

あの世にいたら、触れ合うだなんて、
みんなつながっているのに意味がないよね。
カラダがあると、移動するのにも
そこまで足で一歩一歩、歩くんだよ。
カラダって、なんて面倒なんだ。
僕ら人間は、なんて不自由なんだろう。
この世は、面倒で不自由。

でもね、
こんな不自由を選びとって、僕らはこの世に生まれてきた。
言葉が通じないもどかしさを感じながら、
それでも自分の気持ちを伝えるために僕らはやってきた。

皮膚一枚でひかれた境界線を、触れ合うことで越えていけるって、
それを感じにやってきたんだ。

あなたの目は、宇宙からの光を感じ、
あなたの耳は、この地球の振動を感じることができる。
あなたの肌は、この世の温もりを感じ、
あなたの鼻は、この地球のさまざまな命の香りを感じることができる。

あなたの呼吸、地上の断片を吸いこむ。
あなたの胃と腸、この地上の断片を味わう。

生きているってこと。
それは、断片になったピースが、
あなたを通してつなぎ合わされ、
そしてまた、大きなひとつのパズルに戻していくということ。

あなたを通ってくるピースは、きっと、あなた色に染まります。
そして、そこに新しい意味が生まれるでしょう。
あなたが、あなたであることは、
ピースをつなぎ合わせて、
この世のパズルを
もっともっと楽しいものにつくり替えることができる、
ということです。

さあ、感じてみよう。
あなたが誰かと出逢うこと。
ワンピースを片手に、
あなたのピースの形と、ぴったり当てはまる相手と、
そっと、その手を重ね合うこと。

ワンピース、ツーピース、

それはもっと大きなピースとなって、
そして、もっと大きな出逢いを引き寄せる。

僕らはこの世に、つながっていることを取り戻しにやってきた。
つながっていることの大切さを思い出すためにやってきた。

つながりは、そう。
いちど離れてみないとわからない。

だから、僕らはカラダを持っているんです。

カラダがなくちゃできないこと。
面倒くさいけど、カラダがなくちゃできないこと。
触れ合うこと、言葉を交わすこと、
そして、誰かを抱きしめること。

人と人との間で起こること……
きっとその大切な体験をしに
僕らは生まれてきたのですから。

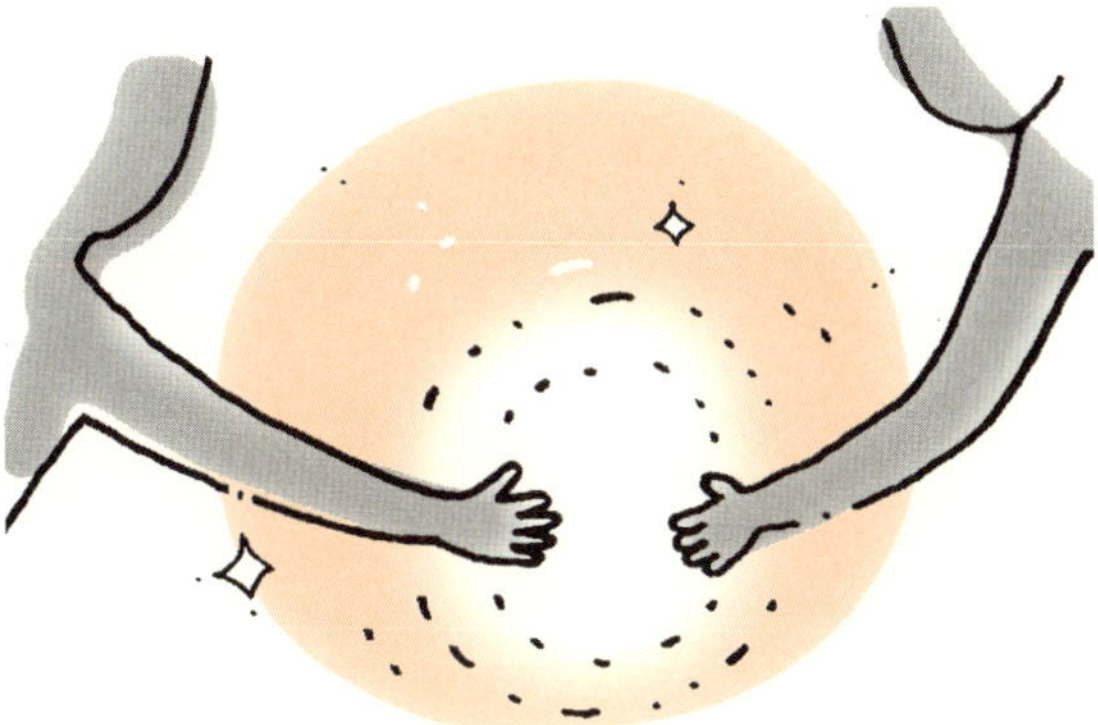

おわりに

バウンダリーをテーマとするこの本の執筆依頼をいただいた時、浮かんだのが、先ほどの詩のイメージです。

「つながり」と「分離」は、実は、同時進行で起こっているのかもしれない。つながりの質を上げるために、いったん分離する道を選ぶのが、命の手段なのかもしれない……。

どんよりつながっているよりも、すぱっといったん別れることで、つながっていた時の素晴らしさを思い出す。なるほどこれは、バウンダリーの真髄そのものだぞ。

親子、夫婦、職場、その他多くの人間関係……。

当たり前のように思えて、決して当たり前ではないつながり。

ストレスだ、あの人のせいだ、と言えることって、悠久の宇宙の視点から見れば、それこそ逆に、奇跡的に貴重な体験なのかもしれない。

死んでしまってから、「ああ、あの人との経験は貴重だったんだ、せっかくの関係を、相手を責めてばかりで、文句ばかり言ってしまって、なんてもったいないことをしたんだろう」と後悔するよりも、生きている間にその貴重な意味を体験できるなら、それに越したことはないでしょう。

そのためには、宇宙のしくみがそうであるように、いったん個人という単位にバウンダリーを引いてみて、つながりの外から、つながりの大事さを確認してみることが必要です。

誰かのせい、誰かのため、ではなくて、自分をしっかり生ききりましょう。そのためにバウンダリーという発想をもって、シンプルな関係性の中に自分の身を置いてください。

本書の依頼を受けてから、すでに一年半の歳月が経ちました。これまでの私の著作と少しトーンが違うため、なかなか筆が進まないのを、辛抱強く見守り、出版予定が遅れても、推敲《すいこう》に推敲を重ねて、本書のクオリティを高めてくださったのが、同文舘出版の竹並治子さんです。

「もっとよくなります。読者のみなさんにもっと届きます」

という竹並さんの口癖が忘れられません。ここまで読者の気持ちになりきり丁寧に本づくりをしてくださる編集者さんと一緒にお仕事ができて、とても光栄でした。この場をお借りして、心から感謝申し上げます。

人は、好むと好まざるとにかかわらず、「人間関係」の中で生きていきます。人生において、誰と深く縁をつなぐかは、あなたの人生に多大な影響を及ぼすことです。本書を通じて、あなた自身が選び直す人間関係、そしてあなたが選び直すあなたの人生のお手伝いが少しでもできたなら、著者としてこの上ない喜びです。

おのころ心平

著者略歴

おのころ心平（おのころ　しんぺい）

一般社団法人自然治癒力学校理事長
ココロとカラダをつなぐカウンセラーとしてこれまで2万4000件、約5万時間のカウンセリング経験をもつ。がん、自己免疫疾患、生活習慣病など各病気の奥に潜む心理的欲求を読み解き、自然治癒力解放へと導く手法が高く評価され、経営者、アスリート、文化人など多くのクライアントのセルフケアを請け負っている。他方、パーソナル医療コーディネーターとして病院や治療法の医療選択もサポート。セミナー・講演活動は年150回を超える。
著書に『病気は才能』（かんき出版）、『ゆるすいっち。』（主婦の友社）などがあり、Amazonランキング総合1位になった著作を3冊もつ。

■公式ブログ「ココロとカラダの交差点」
https://ameblo.jp/onocoroshinpei/

人間関係 境界線《バウンダリー》の上手な引き方

平成30年4月17日　初版発行
令和7年6月27日　9刷発行

著　者――おのころ心平

発行者――中島豊彦

発行所――同文舘出版株式会社

東京都千代田区神田神保町1-41　〒101-0051
電話　営業03（3294）1801　編集03（3294）1802
振替00100-8-42935
https://www.dobunkan.co.jp/

ISBN978-4-495-53921-4
印刷／製本：萩原印刷
Printed in Japan 2018